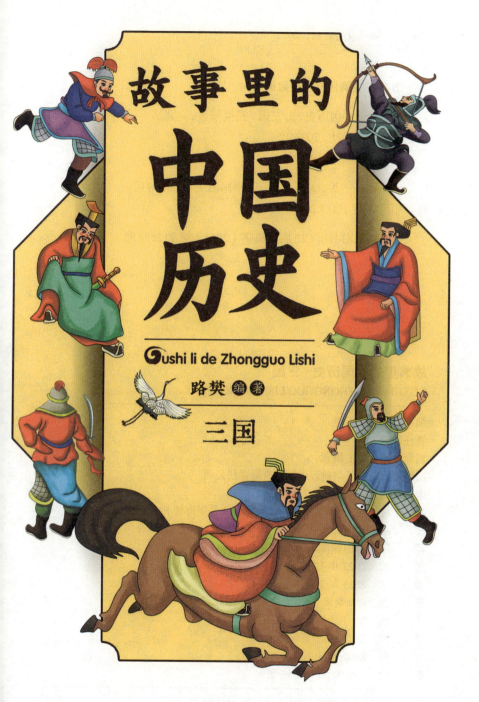

故事里的

中国历史

Gushi li de Zhongguo Lishi

路樊 编著

三国

民主与建设出版社
·北京·

图书在版编目（CIP）数据

故事里的中国历史 . 5，三国 / 路樊编著 . -- 北京：
民主与建设出版社，2022.12

ISBN 978-7-5139-4029-0

Ⅰ . ①故… Ⅱ . ①路… Ⅲ . ①中国历史－三国时代－
青少年读物 Ⅳ . ① K209

中国版本图书馆 CIP 数据核字（2022）第 212692 号

故事里的中国历史·三国
GUSHI LI DE ZHONGGUO LISHI SANGUO

编　著	路　樊
责任编辑	郝　平
封面设计	书心瞬意
出版发行	民主与建设出版社有限责任公司
电　话	（010）59417747　59419778
社　址	北京市海淀区西三环中路 10 号望海楼 E 座 7 层
邮　编	100142
印　刷	唐山楠萍印务有限公司
版　次	2022 年 12 月第 1 版
印　次	2023 年 2 月第 1 次印刷
开　本	880 毫米 ×1230 毫米　　1/32
印　张	5
字　数	75 千字
书　号	ISBN 978-7-5139-4029-0
定　价	358.00 元（全 10 册）

注：如有印、装质量问题，请与出版社联系。

目录
Contents

第 1 章　曹孟德称雄北方

第2章 孙氏兄弟打江山

第3章 刘玄德坐稳蜀川

第4章　群雄争霸乱哄哄

第5章　斗来斗去的三国

第 6 章　司马家族安天下

三　国

公元 220 年——公元 280 年

三国历程

官渡之战

公元 200 年，曹操军与袁绍军在官渡展开决战，曹操以少胜多，击败袁军主力。此战奠定了曹操统一中国北方的基础。

赤壁之战

公元 208 年，孙权、刘备联军在长江赤壁一带大破曹操大军。这是中国历史上第一次在长江流域进行的大规模江河作战。

曹丕篡汉

公元 220 年 10 月，汉献帝宣布退位并将皇位"禅让"给曹丕。曹丕登坛受禅称帝，改国号为魏，史称曹魏。

•••• 夷陵之战 ••••

公元 221 年，刘备挥兵攻打东吴孙权。陆逊与刘备相持几个月后，最终运用火攻在夷陵一带打败蜀军。

•••• 司马昭弑君 ••••

公元 260 年 6 月，司马昭杀害魏帝曹髦，使司马氏集团的政治势力进一步得到巩固。

•••• 三家归晋 ••••

公元 263 年—公元 280 年，司马家族先后灭掉蜀国和吴国，自此，魏、蜀、吴三国全部归于晋武帝司马炎。

三国历程

第**1**章
曹孟德称雄北方

有言在先

　　东汉末年，诸侯们为争夺地盘而打得热火朝天，天下就像被捅了的马蜂窝，一片乱哄哄。一代枭雄曹操任性好侠、放荡不羁，很快成为群雄争霸中的一匹"黑马"。董卓被杀后，曹操瞧准机会，把汉献帝迎进了许都，还高调自封为大将军。自此，他的人生开始了开挂模式，他以汉天子的名义，又是灭二袁、杀吕布，又是攻刘表、征乌桓，一顿操作猛如虎，各路强手多被消灭。没用多长时间，曹操就将北方划入了自己的地盘，成为当时最大的雄主。

曹操：休想打我的主意

故事主角：曹操

故事配角：汉献帝、董承、吉平、种辑、王服、吴硕等

发生时间：公元 195 年—公元 200 年

故事起因：曹操挟天子以令诸侯，显露野心，汉献帝和董承等密谋铲除曹操

故事结局：密谋之事泄露，董贵人及董承等大臣被曹操处死

公元 195 年，东跑西颠的汉献帝回到了洛阳。这时的宫殿，早已被董卓烧光了，到处是断壁瓦砾（lì）和疯长的野草。此时的汉献帝和文武官员是欲哭无泪，只能凑合着勉强安顿下来，过着吃了上顿没下顿的日子。

这时候，春风得意的曹操正驻兵在许都（今河南许昌），他听到这个消息，就和手下的谋士商量，把汉献帝迎到许都。听说许都有粮食，**饥肠辘辘**（jī cháng lù lù；肚子饿得咕咕直响。形容十分饥饿）的汉献帝和大臣，最终听从了曹操迁都的建议。不久，曹操把汉献帝迎到了许都。

汉献帝来到许都，曹操是好吃好喝好招待，还给汉献帝修建了宫殿，让他享受天子的各种待遇。不过这极尽礼遇的背后，却是曹操谋权的巨大野心。自此，曹操

以汉献帝的名义到处发号施令，还封自己为大将军，一时间很是威风。

汉献帝也不糊涂，他深知自己的一举一动都在曹操的掌控之中，根本无法伸展拳脚。这时的宫中已经聚集了一批反曹派，以伏皇后的父亲伏完为首，但是汉献帝的这个老丈人没有实权，汉献帝就将干掉曹操的重任交给董贵人的父亲董承。

公元 199 年，董承被汉献帝提拔为车骑将军。董承不断壮大反曹的势力，种辑（jí）、王服、吴硕，还有刘备，

都被拉到了谋刺曹操的阵营。

董承前前后后忙乎了一年，但丝毫没找到刺杀机会。担心夜长梦多，汉献帝一遍遍地催促，董承心里也急，整日茶不思饭不想，睡不着觉，最终竟想到了一个好办法——借刀杀人。

董承想到了好朋友吉平，吉平是曹操的"家庭医生"。若是让他在曹操的药物中加点毒药，就可让曹操归西。想到这儿，董承欣喜若狂，连夜拜访吉平，也将老朋友拉入了"除曹队"。曹操一除，就是他董承的天下了，这样想着，董承心中乐开了花。

但看似天衣无缝的妙计，最终还是泄密了。曹操得知后，痛下杀手，董承、种辑、王服、吴硕片刻间人头落地，他们的三族也遭了殃。曹操先斩后奏，汉献帝吓得呆若木鸡。曹操还当着汉献帝的面，将董承怀孕五个月的女儿董贵人一刀杀掉。

此番杀鸡给猴看，让汉献帝更加憎恨曹操，却也不敢轻举妄动。

吕布命断白门楼

故事主角：吕布

故事配角：曹操、陈宫、刘备、张辽等

发生时间：公元 198 年—公元 199 年

故事起因：吕布再次反叛朝廷，打败了刘备和曹操援军

故事结局：曹军围困邳城三个月，吕布被迫投降并在白门
楼被吊死

公元 198 年，频繁惹事的吕布再次反叛朝廷，还与袁术结成了死党，派高顺、张辽攻打沛城，刘备危在旦夕。曹操派兵救刘备，也被高顺给打败了。不久，高顺等攻破沛城，走投无路的刘备只能投奔了曹操。

见吕布如此嚣张，曹操便亲自率兵攻打徐州。吕布打不过，只好逃到了下邳（pī）城，曹操大军很快将城围起来。曹操给吕布送了一封劝降信，吕布想投降，但陈宫等人极力反对，陈宫对吕布说："曹操大老远跑过来，

将军可带兵驻守城外，我率其余人马把守城内。曹操如果向将军进攻，我带兵从后面进攻曹军；要是曹操攻城，将军就从外面救援。用不了一个月，曹军粮食用尽，我们就可以打败曹操。"吕布同意了。

但吕布的妻子说："以前曹操对待陈公台像对待婴儿一样，陈宫还是投靠了我们。现在将军却打算丢下全城而孤军远出，一旦发生变故，我还能活下来吗？"于是吕布作罢，开始暗中派人向袁术求救，哪知袁术也分身无术，不能援救。

曹操大军一连围攻三个月。一日，正逢天降大雨，曹操于是放水淹吕布军，城内一片悲壮的景象。见大事不妙，吕布几个手下竟然反叛，绑了陈宫去投降。吕布在白门楼见曹军进攻越来越猛，自知大势已去，只好下城投降。

曹操在白门楼上处置吕布及其随从。当曹操下楼时，吕布找准时机，对刘备说："公为座上客，布为阶下囚，为何不说句话救我呢？"刘备点头答应。

一会儿曹操上楼，吕布要求松绑，曹操笑着说："捆绑老虎不得不紧。"吕布又求饶说："曹公得到我，由我率领骑兵，曹公率领步兵，可以统一天下了。"曹操一听，觉得有点道理，一时颇为心动。

这时的曹操给刘备出了一道选择题，问刘备是杀吕布还是留吕布。刘备却在一旁说："您忘记丁建阳和董卓的事了吗？"

一听这话，吕布气得脸红脖子粗，大骂刘备："大耳儿刘备，最不能相信！"刘备却一言不发。曹操于是下令将吕布吊死，然后砍了脑袋。一代名将就这样死了。

吕布必须死。

最清醒的酒话

故事主角：曹操、刘备

故事配角：袁绍、袁术等

发生时间：不详

故事起因：刘备、曹操一起喝酒，曹操问谁是真的英雄，刘备很害怕

故事结局：一声惊雷打破了紧张气氛，刘备后来趁机逃走

　　刘备投奔曹操以后，曹操请汉献帝封刘备为左将军，并且非常尊重刘备，走到哪儿，都要刘备陪在他身边。

　　一日，关羽、张飞不在，刘备正在后园浇菜，曹操派人来请刘备去喝酒。到了小亭，已经摆好杯盘，盘里放置着青梅，一樽（zūn）煮酒。曹操、刘备二人对坐，一面喝酒，一面说笑，谈得很投机。他们谈着谈着，很自然地谈到天下大事上来了。曹操拿起酒杯，说："您看当今天下，有几个人能算得上英雄呢？"

刘备谦虚地说："我说不清楚。"

曹操笑着对刘备说："我看啊，当今天下的英雄，只有将军和我两个人。"

刘备心里想着跟董承同谋的事，正感觉不安，听到曹操这句话，大吃一惊，身子陡然打了一个寒战，手里的筷子也掉在了地上。正巧在这时，天边闪过一道电光，接着就响起一声惊雷。刘备一面俯下身子捡筷子，一面说："这个响雷真厉害，把人吓成这个样子。"

刘备从曹操府中出来，总觉得曹操这样评价自己，将来会丢了性命，于是想尽快离开许都。

事也凑巧，袁绍派他儿子到青州去接应袁术，要路过徐州。曹操认为刘备熟悉那一带的情况，就派他去截击袁术。刘备一接到曹操命令，就赶紧和关羽、张飞带着人马跑了。

刘备打败了袁术，夺取了徐州，就决定不回许都了。

到了第二年春天，曹操大军进攻徐州，刘备兵少将寡，很快抵挡不住，最后只好放弃徐州，投奔冀州的袁绍。

袁绍彻底栽了

故事主角：曹操、袁绍

故事配角：荀彧、许攸、张郃、高览等

发生时间：公元 200 年

故事起因：曹操军与袁绍军对峙于官渡，在此展开决战

故事结局：曹操奇袭袁军在乌巢的粮仓，继而击溃袁军主力

　　面对日益强大的曹操，袁绍有些坐不住了，思来想去，决定先下手为强。公元 200 年，袁绍调集了十万精兵进攻曹操。不承想，几仗打下来，兵多将广的袁绍一再战败。最终，两军在官渡对峙。

　　粮草缺乏的曹军被困官渡一个多月，再也坚持不下去了，曹操也打起了退堂鼓，决定退守许都。此时，荀彧（yù）正在许都留守，知道后便给曹操去信，让他再坚持一下，事情可能会有转机。

　　在袁绍那里，谋臣许攸（yōu）一眼看破曹操困境，

14

认为曹操兵少，此时许都一定空虚，如果派一支精锐轻骑去偷袭许都，一定能成功，等把汉献帝控制在手中，再来讨伐曹操，曹操必被擒。即使许都攻不下，也会令曹操首尾不能相顾，曹操必败。但袁绍很是自大，根本不听。

许攸在袁绍手下很是郁闷，想起曹操是他的老朋友，就连夜投奔了曹操。曹操在大营里刚脱下靴子，正想入睡，听说许攸来投奔他，顾不得穿鞋，竟光着脚板跑出来迎接许攸。他一见许攸便说："你来了，真是太好了！我的大事有希望了。"

许攸说："我知道您的情况很危急，特地来给您透露个消息。现在袁绍有一万多车粮食、军械，全都在乌巢放着。您只要带一支轻骑兵去袭击，把他的粮草全部烧光，袁兵就会不战自败。"

曹操一听袁绍有军粮万余乘，顿时红了眼，曹操见军中诸人对许攸心存芥蒂（jiè dì；比喻心里的嫌隙或不快），也并不介意，他是知道许攸的，所谓"用人不疑，疑人不用"，曹操断然采取行动。

曹操布置好官渡大营防守，就带领五千骑兵连夜向

乌巢进发。他们打着袁军的旗号，对沿路袁军的岗哨称，

他们是袁绍派去增援乌巢的。曹军顺利到了乌巢，放起

一把火，把一万车粮食烧了个一干二净。

乌巢被烧，袁绍决定偷袭曹操大营，张郃、高览被袁绍派去攻打曹军大营。张郃深知，粮草被烧，袁军将无法支撑，他便去劝袁绍，但没有效果。张郃只好硬着头皮，同高览领着几万大军攻打曹军大营。

他们刚到达官渡，就遇到曹军的顽强抵抗，背后又受到从乌巢得胜回来的曹操的猛攻。张郃见袁绍成不了大事，便与高览率军投降了曹操。

袁绍经此打击，实力被大大削弱，曹操率军奋力冲杀，袁军大败。袁绍慌忙带着儿子袁谭和八百骑兵向北逃窜。

公元 202 年，输得一塌糊涂的袁绍，在绝望和病痛中含恨死去。

我给您带来了一个消息。

乌桓彻底被打残

故事主角：曹操

故事配角：袁熙、袁尚、蹋顿、张辽等

发生时间：公元 207 年

故事起因：曹操为断绝袁氏复起的后患，而征伐乌桓

故事结局：曹军大破乌桓，斩杀乌桓单于蹋顿，并借公孙康之手除掉了袁熙、袁尚，彻底统一了北方

在统一北方之前，曹操还有一事未了，那就是远在乌桓（huán）的袁氏兄弟。此患不除，曹操如芒在背，寝食难安。

乌桓，又名乌丸，在东汉末年逐渐强大起来。汉献帝迁都许都后，乌桓就逐渐加入到割据争霸的斗争之中。

在袁绍与公孙瓒（zàn）打得热火朝天时，乌桓首领蹋（tà）顿曾派兵助袁绍大败公孙瓒。战争结束后，袁绍为表谢意，又是与蹋顿和亲，又是以汉献帝的名义封蹋顿为乌桓单（chán）于。对此，蹋顿心里也是美滋滋的。

袁熙、袁尚被曹操打败以后，便投奔了乌桓蹋顿。以蹋顿的实力，再加上袁家二兄弟带来的残兵，此时的兵力至少有五万，以此实力，与曹操相抗衡，可重振父亲留下的基业。袁家二兄弟打着如意算盘，企图借蹋顿的力量重整旗鼓。

在袁熙、袁尚兄弟的挑唆（suō）下，蹋顿时常率兵骚扰曹操后方，不断纠缠。蹋顿率轻骑兵急速而来，一番劫掠以后，又火速而去，让曹军根本摸不着头脑。

公元207年，曹操决定远征乌桓。因为是远距离奔袭，曹军一路屏气吞声，采取种种手段掩护行军行程，就怕露出马脚。到距离乌桓大本营柳城100多里时，终究是掩藏不住了，曹操命令士兵加速行军，直奔柳城而去。

乌桓蹋顿得知曹操来袭，一时之间乱了方寸，袁熙、袁尚冷静下来，紧急整合军队，抵抗曹操。蹋顿与袁氏聚拢了万余人，人数上倒是占尽了优势，但军中多是乌合之众，士气不足。

曹操任命张辽为先锋，但见他身先士卒，咆哮着向联军扑去。身后的士卒深受感染，个个斗志昂扬，紧随其后。蹋顿率领毫无纪律的联军，片刻便被冲散，成了一盘散沙。蹋顿、袁家二兄弟一看形势不好，就选择了逃跑。

曹操见势率领士兵追击，跑得慢的蹋顿被曹操部下砍了脑袋，跑得快的袁氏兄弟往辽东郡奔去，投奔了那里的太守公孙康。

这公孙康就是一个"墙头草"，他趁袁熙、袁尚不防备，

蹋顿头颅献上。

将这二人的首级砍下，送给了曹操。曹操任命公孙康为左将军，并加封襄平侯，如此一来，辽东也纳入了曹操的势力范围。至此，曹操统一北方的大业终于完成。

好，好，好！

醒木一响，评书开场！
品茶听书，为你讲述有滋有味的三国传奇；
真真假假，权且当茶余饭后的谈资……
今天，我要给大家讲的是——望梅止渴！

望梅止渴

有一年夏天，曹操率领部队去讨伐张绣，当时的天气热得出奇。部队在弯弯曲曲的山道上行走，到了中午，大家的衣服都湿透了，半日滴水未进，许多人都渴得走不动了，甚至还有晕倒在路边的。行军的速度越来越慢，曹操担心贻（yí）误了战机，心里很是着急。

曹操叫来向导，悄悄问："附近哪里有水源？"向导摇摇头说："泉水在山谷的另一边，要绕道过去，很远。"

曹操一听，沉默不语，他抬头看了看前边的树林，眉头一皱，计上心来，于是勒马跃上一个小土丘，高声喊道："前面是一大片梅林，现在正是梅子成熟的季节，我们快点儿赶路，绕过这个山丘，就可以大吃一顿了！"一听说有梅子吃，士兵们顿时也不觉得有那么渴了。整个部队精神大振，很快就走出了荒野，到了有水源的地方。

知识补给站

在杀不杀吕布的问题上，曹操为何问刘备？

在是否杀吕布的问题上，曹操之所以会问刘备，就是因为吕布手下有很多能人，曹操想为己所用。但如果曹操下令杀了吕布，势必会让这些人心怀不满，到时候难免会有祸害。曹操把选择留给刘备，不过是为了借刀杀人。同时，也是为了试探刘备心中真正想的是什么，是否对自己有威胁。

刘备为什么被称为"刘皇叔"？

刘备之所以被称作刘皇叔，是因为刘备是汉朝刘氏皇族的后裔。当时刘备因为剿灭黄巾起义有功，在上殿的时候，汉献帝让人查家谱，发现刘备是汉朝中山靖王刘胜的后代，所以称刘备为"刘皇叔"。

在我国文学史上，"三曹"指的是谁？

"三曹"指汉魏时曹操与其子曹丕、曹植。因他们政治上的地位和文学上的成就，对当时的文坛很有影响，所以后人称之为"三曹"。曹操开创了建安文学，代表作有《龟虽寿》《观沧海》《短歌行》等。曹丕擅长诗文及辞赋，代表作有《燕歌行》《与吴质书》等。曹植的代表作有《洛神赋》等。

第 **2** 章

孙氏兄弟打江山

有言在先

　　孙策本是东汉末年的"军二代"，怎奈父亲孙坚被害，使刚刚成年的他扛起了重担。从寄人篱下，到带着一大群人伐奔江东，不满20岁的孙策，便开始了创业之路。击刘繇、捉王朗、收太史慈、败黄祖、降华歆、拒刘磐，短短五六年时间，孙策硬生生地打下了江东六郡的地盘。一时间，也打出了"江东小霸王"的威名。

　　然而，好景不长，英雄命短，孙策意外身亡。弟弟孙权又拿起了接力棒，伐黄祖、剿山越、攻城池、聘名士，打出一套套漂亮的"组合拳"，使江东基业越发稳固，终成割据一方的诸侯。

故事万花筒

毛头小子收江东

故事主角: 孙策

故事配角: 刘勋、周瑜、黄祖、杨弘、陆勉等

发生时间: 公元 199 年

故事起因: 庐江太守刘勋截获投奔孙策的军队,孙策很是恼火,并设计攻灭刘勋

故事结局: 孙策采用声东击西之计,占领了庐江,刘勋逃走。孙策而后打败黄祖,占领了整个江东

公元 199 年,袁术在贫困潦倒中死去。部下长史杨弘、大将军陆勉,见孙策是个雄主,便率兵投奔。不料,庐江太守刘勋将他们截获,并将兵马据为己有。

孙策眼巴巴等着袁术一命呜呼,好渔翁得利,谁料煮熟的鸭子却飞了,能不生气吗?孙策跟刘勋的仇怨算是结下了。孙策找周瑜商量除掉刘勋,最后,他们定出一个声东击西的上上策。

刘勋志大才疏，还见钱眼开。孙策派人带着奇珍异宝去拜见刘勋。使者一番甜言蜜语，让刘勋美滋滋的。使者接着说上缭（liáo）富可敌国，刘繇（yáo）余部万人可收编。上缭多次派兵骚扰江东，请求刘勋派兵征讨。刘勋听说上缭家底富裕，当即表示愿意出兵。

贪婪的刘勋带领全郡的精兵出战，城中只剩老弱残兵。正当刘勋在外打得火热之时，孙策的千余轻骑如弦上之箭，向庐江飞奔而去，不损一兵一卒就占领了庐江。

刘勋到了上缭，却发现上缭已是一座空城，正发火时听说庐江已被孙策所占，更是气急败坏，急忙往回赶。孙策哪里给他喘息的机会，立即派兵拦截，给刘勋以致命一击。刘勋被打得狼狈而逃，投奔曹操去了。

老仇人黄祖见孙策意气风发，霸气十足，很是羡慕嫉妒恨，就率领水军进攻孙策，竟自己送上门来。

黄祖部下杀了孙坚，与孙家结下了不共戴天之仇。孙策见黄祖，恨不得"吃他肉，剥他皮"，因此打起仗来威猛无比，周瑜、吕蒙、黄盖兵分多路，齐头并进，将黄祖团团围住。黄祖已无反击之力，险些全军覆没。不过让孙策倍感遗憾的是，黄祖还是侥幸逃跑了。经过几次大的胜利，小霸王孙策占领了整个江东。

小霸王英年早逝

故事主角：孙策

故事配角：孙权、许贡等

发生时间：公元 200 年

故事起因：孙策骑马打猎，被密林中射来的带毒暗箭所伤

故事结局：26 岁的孙策死去，弟弟孙权继承父兄大业

公元 200 年，意气风发的孙策骑马去打猎，他一人快马加鞭，后面的随从根本无法追上。行至茂林处，孙

策见到一麋（mí）鹿，心中不免喜悦，便放松了警惕。

茂林中有三个人，正目不转睛地望着孙策，他们悄悄弯弓上箭，瞄准孙策，三箭齐发，孙策正一心一意追赶麋鹿，根本来不及躲闪，**仓猝**（cāng cù；意思是匆忙急迫）之间，不幸中箭。

孙策应声落马，后面的随从这时赶到，将三名刺客抓获。经审问，才知道这三人都是许贡的门客，因孙策杀其主公，便决定让其血债血偿。

许贡，原本是吴郡太守，曾依附于刘繇。那时的孙策还在袁术手下当值，袁术命孙策经营江东，孙策入江东，先是平定刘繇，又占领吴郡。许贡是个"笑面虎"，表面上听凭孙策指挥，每天笑脸相迎，暗地里却向朝廷发去了密信，指责孙策有逆反之心。

许贡的密信被孙策截获，孙策表面不露声色，却不料许贡变本加厉。是可忍，孰不可忍。孙策毕竟是有计谋之人，仍不漏风声，以邀许贡议事为由，将许贡召来，将其杀害。

许贡是死了，但孙策与许贡的恩怨却没有结束。许贡惜才，门下有很多门客，许贡平日对他们很好。许贡死后，这些门客就想为旧主报仇，因此趁孙策打猎时，埋伏茂林，找机会刺杀，终于为许贡报了仇。这三名门客，也因此葬送了自己的小命。

因箭上有剧毒，奄奄一息的孙策将弟弟孙权叫到床前，将东吴的大业交给了孙权，说："率领江东兵众，争夺天下，你不如我；但选举贤能，治理江东，我不如你。"孙策一语道破了二人优劣。这一年孙权17岁，还未成年的他，也担起了保江东的大业。

孙策临死前，对大臣们说："中原正在大乱，凭我们吴、越的兵众，三江的险固，足以观其虎斗成败。你们好好辅佐我弟弟！"群臣见此，均让孙策宽心，也莫不为之惋惜。

这一夜，年仅26岁的孙策死去。孙权继承父兄大业，成为东吴新主。

此仇不报非君子

故事主角：孙权

故事配角：黄祖、甘宁、吕蒙、冯则等

发生时间：公元 203 年—公元 208 年

故事起因：孙权为报父兄之仇，决定西征黄祖

故事结局：孙权通过三征黄祖，最终报仇雪恨，使江东根基更加稳固

父兄之仇，一直是孙权的一块心病。孙权稳固江东以后，便打定主意西征黄祖，以雪家耻。

公元 203 年，孙权率领大军亲征黄祖，破黄祖船只，入江夏，但是天有不测风云，孙权正一鼓作气之时，却不料后院起火——山越人趁虚骚扰。孙权只好回援，错过了攻灭黄祖的大好机会。

山越人是一支不可轻视的武装力量。因长期在山上生活，造就了他们的骁勇善战。自孙策占据江东以来，

山越人便三番五次下山骚扰。

孙权曾多次派兵镇压，但收效甚微。山越人每次劫掠完就跑，又凭借山势的险峻为依托，易守难攻，令孙权实在头疼。此次，山越人借孙权西征黄祖之机前来骚扰，让孙权再也无法忍受，因而决定彻底拔掉这颗"钉子"。

俗话说，擒贼先擒王。孙权举重兵分头行动，目标直指山越人首领。各路大军对山越形成包围，随着包围圈越来越小，山越人成了**瓮中之鳖**（比喻已在掌握之中、逃跑不了的东西）。很快，山越首领被抓获。自此，孙权将山越人纳入自己的统治之下。

后院稳定了，孙权开始第二次领兵西征黄祖。这一次，孙权俘获了黄祖的众多臣民、百姓与粮草，虽胜利而回，却没有抓到黄祖。占领江夏，只能算成功了一半。

公元 208 年，不死心的孙权第三次对黄祖用兵，恰在此时，黄祖手下将领甘宁来投，孙权很是高兴。孙权对甘宁十分器重，待他如旧臣一样好。甘宁感激孙权的知遇之恩，便为孙权献上了攻破黄祖的计谋。

很快，孙权军入夏口，黄祖仓促应战，一场水战拉开帷幕。黄祖命陈就打先锋，却被吕蒙所破，孙权兵分几路进攻，黄祖命士兵站在船上，准备用弓箭射击孙权的船只，却不料箭未射，孙权率领各路将领已经到了眼前，一场肉搏战就此上演。

黄祖见打不过，拼了命逃跑，却被冯则追上，一刀砍了脑袋。自此，仇已报，恨已雪，孙权在江东的根基更加稳固了。

吕蒙是个潜力股

故事主角： 吕蒙

故事配角： 孙权、蒋钦等

发生时间： 不详

故事起因： 学识浅薄的吕蒙，在孙权的再三劝导下开始读书

故事结局： 经过刻苦的学习，吕蒙的学问超过了一般的儒生，令人刮目相看

　　吕蒙是三国时孙权手下的名将，但吕蒙小时候因家境不好，没有读书的机会，所以学识浅薄（bó），见识不广。

　　有一次，孙权将吕蒙和另一位将领蒋钦（qīn）叫到跟前说："你们现在身居要职，要增长自己的学问，好好读书才是，只有这样才能让其他人服气，才能更出色地完成任务。"

吕蒙推托说："现在军中事务繁忙，恐怕没有闲余的时间读书了。"

孙权说："跟我相比，你们要处理的军中事务应该要少吧，我都有时间，你们怎么会没有呢！自掌管军政以来，我借鉴（jiàn）了许多史书和兵书中的经验教训，感到益处很大。希望你们不要以事务繁重为托词而不读书。"

孙权的开导使吕蒙受益匪浅。从此以后，他只要一有闲余时间，就不停地读书，学问很快就超过了一般的儒生。

一次，鲁肃和吕蒙谈论政事，鲁肃是士族出身的名将，可是在交谈中鲁肃常常词穷，被吕蒙难倒，不知道如何作答。

鲁肃佩服地对吕蒙说："以前我以为你不过是有些军事方面谋略的粗人罢了，今天与你谈话，才知道你已是学识渊博、见解独特之人，同昔日的那个吕蒙简直是判若两人！"

吕蒙笑答："士别三日，当刮目相看。你应该知道这个道理吧！"接着，吕蒙又非常透彻地分析了当前局势，为鲁肃又提出了一些建议。鲁肃觉得这些策略可行性很高，予以采纳。

后来，孙权见到吕蒙的进步，赞美说："到了吕蒙这个年纪，还依然那样寻求上进，一般人是很难做到的。一个人有了富贵权势之后，依旧能放下架子，认真学习，轻视财富，这种品行真是难能可贵啊！"

醒木一响，评书开场！
品茶听书，为你讲述有滋有味的三国传奇；
真真假假，权且当茶余饭后的谈资……
今天，我要给大家讲的是——关圣帝君！

关圣帝君

三国时，刘备带着自己的两位义弟关羽、张飞镇守在徐州、下邳一带。后来曹操率领 20 万大军攻打徐州，刘备听了张飞的话，连夜去曹营劫寨，不料中了埋伏，刘备和张飞各自逃走。

刘备投奔了袁绍，张飞逃到了芒砀山。这时，关羽保护着刘备的妻儿，正在下邳一带。曹操攻下了徐州，便又来攻打下邳。关羽等人被曹操兵马围困在一座山头上。曹操十分敬佩关羽，就派张辽到山上去劝降。

关羽思考再三，答应投降，但有三个条件：一、只降汉朝，不降曹操；二、用刘备的**俸禄**（fèng lù；古代皇朝政府按规定给予各级官吏的报酬）供养两位嫂嫂；三、一旦知道了刘备的下落，就去寻找他。曹操答应了，于是关羽保护着刘备的两位夫人，跟着曹操去了许都。

到了许都以后，曹操与关羽三日一小宴、五日一大宴，又送给他金银财宝和美女。关羽让美女服侍两位大嫂，又把财物都交给她们。后来，曹操又把赤兔马送给了关羽，关羽再三拜谢。曹操问关羽，为什么得到赏赐从不感激，今天却再三拜谢呢？关羽表示，有了这匹千里马，就可以早一天回到刘备身边了。曹操听后，更加敬佩关羽。

后来，袁绍起兵攻打曹操，关羽为报答曹操，便杀了袁绍的两位大将，帮助曹操取得了大胜。这时，刘备给关羽写了一封书信，告诉他自己在袁绍处。关羽接到信以后，便向曹操告辞。曹操不愿让关羽离开，就避着不见。关羽于是留给曹操一封书信，单枪匹马护送着两位嫂嫂，找刘备去了。他过五关斩六将，直走了一千多里地，最后终于找到了刘备，兄弟相见，抱头痛哭。

关羽的忠义千古以来为人们所传诵。他去世以后，老百姓在各地为他立庙供奉。他被奉为"关圣帝君""武圣"，千年以来，都被人们敬仰、尊崇。

知识补给站

孙策的父亲孙坚是怎么死的?

公元192年4月,袁术派孙坚征讨荆州,攻打刘表。刘表派黄祖在樊城、邓县之间迎战。孙坚击败黄祖,乘胜追击,包围了襄阳。刘表闭门不战,派黄祖乘夜出城调集兵士。黄祖带兵归来,孙坚又与之大战。黄祖败走,逃到岘山之中,孙坚追击。黄祖部将从山林间发射暗箭,孙坚中箭身亡。

三国时期的江东六郡,大概是今天的哪里?

三国时的江东六郡,指吴郡(今江苏苏州)、会稽郡(今浙江绍兴)、丹阳郡(今江苏南京)、豫章郡(今江西南昌)、庐陵郡(今江西泰和)和庐江郡(今安徽庐江）。这里是真正的江南水乡，物产极其丰富，是建立政权的好地方。

曹操为何发出"生子当如孙仲谋"的感叹？

"生子当如孙仲谋"是曹操对孙权（字仲谋）的赞叹之语，出自《吴历》。曹操与孙权对峙于濡须，曹操攻而不能破，且见吴军阵容整肃，孙权英武异常，颇为羡慕。于是就发出了"生子当如孙仲谋"的赞语，现在借指晚辈有真才实学。

"建安七子"都有谁？

建安七子是东汉建安年间七位文学家的合称，包括孔融、陈琳、王粲、徐干、阮瑀、应玚、刘桢。这七人大体上代表了建安时期除曹氏父子（即曹操、曹丕、曹植）外的文学成就。

第3章

刘玄德坐稳蜀川

有言在先

　　刘备，字玄德，相传是汉朝中山靖王刘胜的后代。有着皇族后代的金字招牌，刘备也加入到了分割天下"大蛋糕"的行列。只是万事开头难，刘备势力太弱小，经常寄人篱下，一次次在夹缝中委曲求全，一次次死里逃生。刘备曾先后投靠过公孙瓒、曹操、袁绍、刘表等人，几经颠沛流离，仍没有自己的地盘。直到赤壁之战后，刘备才从东吴处"借"到荆州，并迅速发展起来。这之后，刘备吞益州、入蜀川，终于有了自己的"根据地"，从而建立了蜀汉政权。

故事万花筒

三个兄弟拜把子

故事主角：刘备、关羽、张飞

故事配角：酒保、众人等

发生时间：不详

故事起因：刘备、关羽和张飞有干一番大事业的共同目标，意气相投

故事结局：在张飞庄后园三兄弟举酒结义，成为好兄弟

　　东汉末年，朝政腐败，连年灾荒，人民生活非常困苦，各地都相继发生了叛乱。

　　涿（zhuō）郡（今河北涿州）有一个叫作刘备的人，他祖上本来是汉室宗亲，但早已家道中落，以编织、贩卖草鞋为生。尽管如此，刘备还是胸怀大志，想要拯救百姓于水火之中。这一天，郡上贴出了一张招募（mù）起义军的榜文，很多人围着观看，刘备也挤了进去。看到榜文，想到自己空有一番抱负却没法实现，刘备不禁仰天长叹。

这时，人群中突然有一个人高声喝道："大丈夫不为国家出力，还叹个什么气！"刘备回头一看，原来是郡中一个卖酒杀猪的壮士，名叫张飞。这张飞身高八尺，豹子头，圆眼睛，满腮的胡须像钢丝一样竖着，声如洪钟，样子十分威武。

刘备听说张飞生性豪爽，喜欢结交英雄豪杰，于是邀请他到一家酒馆中坐了下来，向他讲述了自己报国无门的苦恼，两人谈得十分投机。

就在这时，只见从门外又进来一位身形魁梧（kuí wú；指身体高大强壮）的大汉，他刚进门就大声叫酒保："快拿酒来，我赶着进城投军去。"

刘备一看，这个人有九尺高，胸前长须飘飘，脸色好像红枣一样，长着一双丹凤眼，两条卧蚕眉。刘备连忙走过去邀这个人同坐，得知了他叫关羽。经过一番倾心交谈，三个人意气相投、志同道合，都想干一番大事业，于是商定结为异姓兄弟。

当时正值桃花盛开的时节，刘备、关羽、张飞三人便来到桃园之中，焚香祭（jì）告天地，不求同年同月同日生，只愿同年同月同日死。按照年岁大小，刘备做了大哥，关羽排第二，张飞最小。

从此，他们三人互相扶持，共同进退，最终建立起了与魏、吴鼎足而立的蜀国。

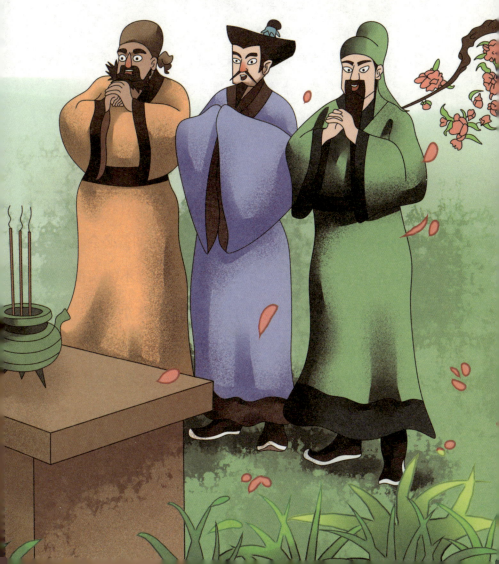

还是点火最好玩

故事主角：刘备、夏侯惇

故事配角：赵云、李典、韩浩等

发生时间：公元 201 年

故事起因：为防止刘备将来北进，曹操派大将夏侯惇、于禁、李典带兵于博望坡与刘备交战

故事结局：刘备故意烧毁自军营寨，引夏侯惇追击，夏侯惇遭伏兵攻击而大败

公元 201 年，刘备逃往荆州投靠皇亲刘表。曹操听说刘备驻扎新野，还日日训练士兵，料到刘备必会北进，决定先下手为强。因北方还有战事，曹操不便亲征，便命大将夏侯惇（dūn）为都督，率领三万大军远征刘备。

听说曹操三万大军进攻，刘备不免心凉半截，心想这次是无处可逃，只有决一死战了，但硬碰硬必不能取胜，唯有靠智取。针对夏侯惇的清高自傲，刘备单独为他设计了一套作战方案。

刘备让赵云带兵打前锋，并吩咐他且战且退，只许败不许胜，赵云心领神会，便率兵前去迎战。夏侯惇与赵云很快相遇，几个回合，赵云败下阵来，打马便逃，夏侯惇领兵穷追不舍，为了把戏演得更真实，赵云又回马迎战。如此三番两次，赵云且战且退。

曹军副将韩浩觉得有猫腻，听闻赵云骁勇善战，今日一见，不过如此，莫非是诱敌深入？韩浩劝夏侯惇小心，以免中了刘备的埋伏。夏侯惇见赵云"胆小如鼠"，不免心中飘飘然，根本不听劝告，领兵便追。刘备中途杀出，却仍旧是不堪一击，没有挡几个回合，刘备就败下阵来，仓促而逃。

夏侯惇见敌军抱头鼠窜，不禁放声大笑，继续领兵紧追，追至博望坡才停下来。见天色已晚，便在此安营扎寨，准备明日再战。

在睡得迷迷糊糊之际，夏侯惇听见外面有阵阵骚动，起身后却见帐外东方天际已经泛白，刘备屯兵的方向火光冲天，烧红了半边天——刘备的营帐着火了。夏侯惇顿时警觉起来，又有人来报，刘备的军队正连夜撤退。

夏侯惇赶忙整合大军，急速追赶。博望坡北部宽阔，南部狭小，从北通过不难，从南通过却不易。坡上树木丛生，庄稼茂盛，夏侯惇依稀可见刘军的"尾巴"，便打算加快步伐，追袭刘备。

　　随军副将李典见道路狭窄，四周树木丛生，恐有埋伏，便提醒夏侯惇，此处非常适宜火攻，若是刘备放火，

胆小鼠辈，哪里跑！

那就惨了，还是先探探路为好。夏侯惇仍盲目自信，火急火燎地追去。

　　曹军刚出南部谷口，夏侯惇还没有回过神来，就见火光四起，浓烟滚滚，于是紧急撤退，但因为道路狭窄，谷口太小，一时间出现了拥堵，被刘备的伏兵打得落花流水。幸好李典来救，夏侯惇才捡回了一条命。

三顾茅庐得奇才

故事主角： 刘备、诸葛亮

故事配角： 徐庶、关羽、张飞等

发生时间： 公元 207 年

故事起因： 听名士徐庶说隆中有个奇士诸葛亮，刘备决定请此人出山

故事结局： 经刘备再三拜请，诸葛亮决定出山辅佐刘备

公元 207 年，当大枭（xiāo）雄曹操忙着在北方抢地盘的时候，在荆州刘表门下的刘备也没闲着。他四处聘请人才，为自己出谋划策。其中，有个名士叫徐庶，刘备非常赏识他，便拜他为军师。

有一天，徐庶对刘备说："在襄阳城外 20 里的隆中，有一位奇士，您为什么不去请他来辅助呢？这位奇士复姓诸葛，名亮，字孔明。此人有**经天纬地**（形容人的才能极大）之才，人称'卧龙'。"

刘备一听，顿时两眼放光，当即决定亲自拜访诸葛亮。第二天，刘备带着关羽、张飞急匆匆赶往隆中。谁料刘备三兄弟来到隆中时，小童告诉他们："先生不在家，一早就出门了。"刘备第一次来就扑了个空。

过了一阵，刘备听说诸葛亮回来了，忙让备马，再次前往。时值隆冬，他们三人顶风冒雪，非常艰难地走到隆中。当他们来到诸葛亮的家时，又被告知诸葛亮和朋友们出门了。

刘备回到新野之后，时常派人去隆中打听消息，准备再去拜访诸葛亮。刘备第三次去隆中时，碰巧诸葛亮在草堂中睡觉。刘备不愿打扰他，就让关、张二人在柴门外等着，自己轻轻入内，恭恭敬敬地站在草堂阶下等候。

诸葛亮醒后，被刘备的诚心所打动，他就向刘备讲述了自己的政治见解。他说："现在曹操打败了袁绍，拥有百万兵马，又借天子的名义号令天下，很难用武力与他争胜负了。孙权占据江东，还有一批有才能的人为他效劳，也不可以与他争胜负，但可以与他结成联盟。"

接着，诸葛亮分析了荆州和益州的形势，认为如果能占据荆州和益州，对外联合孙权，对内整顿内政，一旦机会成熟，就可以从荆州、益州两路进军，攻击曹操。到那时，功业可成，汉室可兴。

刘备听完，感觉**茅塞**（sè）**顿开**（形容思想忽然开窍，立刻明白了某个道理）。他赶忙站起来，拱手谢道："先生的一席话，让我如拨开云雾而后见青天。"刘备于是再三拜请诸葛亮出山。诸葛亮见刘备这样真诚，也就高高兴兴地跟刘备到新野去了。

从那时起，27岁的诸葛亮开始辅佐刘备建功立业。自此，刘备才真正拉开称霸一方的序幕。

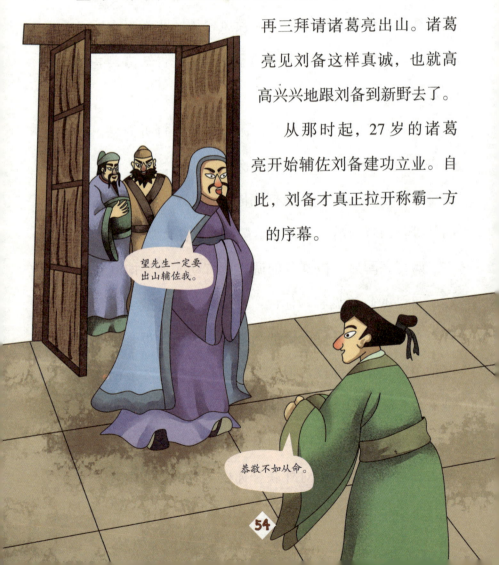

勇敢的"逆行者"

故事主角：赵云

故事配角：刘备、曹操、刘禅、甘夫人等

发生时间：公元 208 年

故事起因：长坂坡一战，刘备军被曹军打得方寸大乱，刘备与妻儿走散

故事结局：赵云不顾危险深入曹军阵营，奋力拼杀救出少主刘禅和甘夫人，刘备很是感动

公元 208 年，曹操凭借兵力优势，将拖家带口的刘备打得到处跑。刘备带着残兵向南逃往江陵，曹操快马加鞭，紧追不舍，终于在当阳长坂（bǎn）坡附近追上了刘备。

是福不是祸，是祸躲不过。既然跑不了，那就再与曹军打一仗。一战下来，曹军将刘备军打得方寸大乱，刘备与妻儿走散，仅带着张飞、诸葛亮和数十骑向南逃去。

此时情势危急，部将赵云反而向北进入曹军势力之中。

当时，有人看到赵云向北而去，就对刘备说："赵云必定是向北投靠曹操去了。"刘备听后，很生气，用戟（jǐ；古代一种合戈、矛为一体的长柄兵器）掷那告状的人说："子龙是不会弃我而去的。"

赵云果如刘备所料，忠心耿耿，并无反叛之心。赵云独自一人寻找刘备家眷（juàn），而陷入曹军重重包围。曹操早就听说了赵云的大名，又见赵云单枪匹马在曹军中驰骋厮杀，气势难敌，便生出了惜才之情，他让士兵们不可伤赵云，要将他活捉，使其为自己所用。

在曹操命令的束缚下，曹军不敢放冷箭，又要把握好力度和火候，一群士兵仿佛成了"陪练"。这反倒为赵云逃脱创造了条件，赵云救得刘禅（shàn）与甘夫人后，奋力杀出重围，便寻刘备去了。

赵云见到刘备，将刘禅与甘夫人送回刘备身边，刘备感动得半天说不出话来。他双手紧紧地握住赵云肩膀，眼中泪花闪烁，虽然相视无言，心中却感慨万千，心中对他的信任更多了几分。这之后，刘备为奖励赵云的功劳，便任命赵云为牙门将军。

益州是个好地方

故事主角：刘备

故事配角：周瑜、鲁肃、诸葛亮、刘璋、法正、张松等

发生时间：公元 211 年—公元 214 年

故事起因：益州的刘璋请刘备入川，给了刘备向益州发展的机会

故事结局：反目成仇后，刘备军最终打败刘璋军，成功获得益州

赤壁之战后，周瑜把曹操的人马从荆州赶跑了。然而在荆州的归属问题上，孙、刘两家发生了矛盾。刘备认为，荆州本来是刘表的地盘，他和刘表是本家，刘表不在了，荆州理应由他接管；孙权则认为，荆州是靠东吴的力量打下来的，应该归东吴。

周瑜病死后，鲁肃从战略的角度考虑，认为把荆州借给刘备，可以让他抵挡北方的曹操，东吴便可以借机整顿兵马，图谋大业。为此，他劝说孙权把荆州借给了刘备。但借人家的地方总不是长远之计，刘备按照诸葛

亮的计划，打算向益州发展。

很快，机会就来了。公元211年，益州的刘璋（zhāng）派人请刘备入川。原来，刘璋手下有两个谋士，一个叫法正，一个叫张松。两人都是很有才能的人。他们认为刘璋是无能之辈，在他手下做事没有出息，就想谋个出路。

法正来到荆州后，刘备热勤地接待了他，同他一起谈论天下形势，很是投机。法正回到益州后，就和张松秘密商议，想把刘备接到益州。

过了不久，曹操打算夺取汉中（今陕西汉中）。这样一来，益州就受到了威胁。张松趁机劝刘璋请刘备守汉中。刘璋便派法正带了四千人马到荆州迎接刘备。

刘备见到法正后，对于是否入川还犯嘀咕。那时候，庞统已经当了刘备的军师，他坚决主张刘备到益州去。刘备听从了法正、庞统的劝说，让诸葛亮、关羽留守荆州，自己亲率人马到益州去。

天有不测风云。后来，张松做内应的事泄露了。刘璋一气之下杀了张松，还布置人马准备抵抗刘备。

既然撕破脸了，刘备也毫不客气。刘备带领人马打到雒（luò）城（今四川广汉）时，受到雒城守军的顽强抵抗，足足打了一年才攻下来，庞统也在战斗中中箭而亡。

随后，刘备军向成都进攻，诸葛亮也带兵从荆州赶来会师。刘璋只好投降。

公元214年，刘备进入成都，从此有了自己的根据地。此后，由诸葛亮治理益州，刘备逐步坐稳了蜀川。

我与鲁肃有个约定

故事主角： 关羽

故事配角： 刘备、孙权、鲁肃、周仓等

发生时间： 公元 215 年

故事起因： 为讨要荆州之地，鲁肃邀请关羽单刀赴会

故事结局： 在酒桌上，关羽对荆州之事避而不谈，并最终安全脱身

公元 215 年，刘备攻取了益州，实力进一步壮大。这时，孙权看不下去了，按照之前的约定来讨荆州。刘备说："等我得了凉州，再还荆州吧。"

孙权一听大怒，这是什么逻辑，分明是赖账。孙权彻底火了，派三万兵马前去讨伐荆州，并一鼓作气攻下三郡。刘备得知后，忙派关羽率三万大军屯扎益阳，与孙权展开对抗架势。孙权也随即派鲁肃屯兵益阳抵挡关羽，大战一触即发。

鲁肃是联刘派，赤壁之战时，正因为鲁肃的坚持和

建议，孙权才与刘备达成联盟，最后打败了曹操。双方**剑拔弩**（nǔ）**张**（形势紧张，一触即发）之际，鲁肃决定当面和关羽谈一谈。

为了公平起见，鲁肃遣使邀请关羽相会，双方协议各自把兵马停在100步以外，只有双方将领带随身单刀相会。

酒过三巡，菜过五味，鲁肃就直奔主题，索要荆州。关羽以莫谈国事为由将话题叉开，哪料鲁肃着急，执意讨论荆州之事。

这时关羽的部将周仓插了一句话："天下的土地，哪能是你东吴独有的？"关羽听完，脸色大变，从周仓手中夺过大刀，假装训斥道："这是国家的大事，不要多嘴，快给我退下！"关羽明面上说周仓，实际上是在说鲁肃！

在宴会即将结束时，关羽假装说喝醉了，右手提了刀，左手挽住鲁肃的手，亲热之中又带有几分杀气："今天饮酒，我已经醉了，不要再提荆州的事情，担心我这刀伤了友情。改日我再到荆州赴会，再做商议。"鲁肃被他挽着，挣脱不得，暗藏的刀斧手也只好望洋兴叹。

一直到了船边，关羽才放开鲁肃，拱手道谢而别，鲁肃半晌才缓过气来。等吴国的士兵赶来时，关羽已经乘船离开了水岸。

醒木一响，评书开场！
品茶听书，为你讲述有滋有味的三国传奇；
真真假假，权且当茶余饭后的谈资……
今天，我要给大家讲的是——奉节县的由来！

奉节县的由来

刘备是三国时期的蜀汉皇帝，传说他的墓就在如今重庆奉节县城里。当年他的军师诸葛亮，怕后人盗刘备的墓，就将坟墓的进口遮盖起来。

500年之后的一天，鱼复县新来了一个县令，名叫许友。许友是个贪财的人，对刘备墓里边的金银财宝觊觎（jì yú；希望得到不该得到的东西）很久了。他一上任，就暗中派人寻找进入刘备墓的暗道。

经过一个多月的查找，刘备墓的暗道终于被许友的手下发现了。

第二天夜里，许友独自挖开暗道，偷偷地进入了墓中。刚一进墓，许友就看到地下室入口的神龛（kān）中点了一盏万年灯，而神龛里的灯油就快用完了。再仔细看灯柱，许友激动得差点喊出声来。原来那灯柱足足有一尺长，都是用黄金铸成的，闪着金灿灿的光。许友两眼冒光，想将那灯柱取走，谁知灯下放着一张纸条，仔细一看，纸条上写了两行大字："许友许友，无冤无仇。打开此墓，罚你上油。"落款写的是"诸葛亮"。

许友吓得失声大叫，连忙跪地磕头，说道："小人该死，小人该死！您大慈大悲，请放过小人吧！"他一连磕了几十个头。他不敢再拿墓里的任何物件，转身仓皇跑出了墓道。

再说许友回到家中便一病不起，一连几天高烧，昏迷不醒。家里请了很多有名的医生来看都治不好，吃什么药都没有效果。

后来，许友醒过来了，但依然神志不清，嘴里一直念叨着："刘备大人请放过小人吧，小人该死！小人一定给大人上油！"家里人叫来许友手下细细盘问，才明白了事情真相。家里人无奈，见那万年灯的神龛巨大，只得变卖了家里的全部财产，才把灯油装满了。

此后，许友被诸葛亮罚油的事传遍了整个县城，人们为了提醒之后的县官们要奉公守法，就称此地为"奉节县"。

知识补给站

诸葛亮为何被称为"卧龙先生"?

诸葛亮，字孔明，号卧龙。他之所以被称为"卧龙"，主要原因有：一是诸葛亮曾隐居在南阳卧龙岗上，所以人称"卧龙先生"；二是诸葛亮政治眼光锐利，才智谋略过人，对事情的认知超出常人很多，因此人们把他比作隐伏在隆中的"人中之龙"。

"身在曹营心在汉"说的是三国时期的哪个人物？

"身在曹营心在汉"说的是蜀国名将关羽。关羽在和刘备走散后，被迫进了曹营。曹操对他可谓是"封侯赐爵，三日一小宴，五日一大宴，上马一提金，下马一提银"，但关羽依旧不动摇，一心想找到刘备。后来得知刘备在袁绍处，于是他"过五关斩六将"，终于回到刘备身边。

成语"老骥伏枥"出自哪里，如何解读？

成语"老骥伏枥"出自曹操创作的一首四言乐府诗《龟虽寿》："老骥伏枥，志在千里；烈士暮年，壮心不已。""老骥伏枥"意为老马虽卧在马槽旁，仍想着驰骋千里。比喻人虽然年老，但仍有雄心壮志。

蜀汉的"五虎上将"都有谁？

五虎上将，是指蜀汉名将里名声最响、地位最高、能力最强的五位将军，即关羽、张飞、赵云、马超、黄忠。他们在刘备建立蜀汉中，各自起到了不同的作用。陈寿最早作《三国志》时，将五人并列合为一传，但还并未提出五虎上将的概念，而后经过漫长的历史演变，这五人被塑造成五虎上将。

第 **4** 章

群雄争霸乱哄哄

有言在先

　　在东汉末年的争霸舞台上，曹操、孙权、刘备是当时最强大的三股势力。为了争夺地盘和势力范围，曹操远征江南，结果丢盔卸甲，落魄而归。孙权、刘备既是合力抗曹的难兄难弟，也是为了各自利益而大打出手的仇敌冤家。一时间，天下纷争不断，血与火不断交织，武力与脑力频繁抗衡，整个汉末，呈现一片乱哄哄的动荡景象。

故事万花筒

打嘴仗，最服诸葛亮

故事主角：诸葛亮

故事配角：孙权、鲁肃、张昭、虞翻、步骘等

发生时间：公元 208 年

故事起因：曹操带着大军远征江南，想统一天下

故事结局：诸葛亮一人辩倒东吴群儒，最终说服孙权联合
抗曹

公元 208 年，曹操带着 20 万（号称百万）大军进攻
江南。巧合的是，曹操的军队还没到达荆州，刘表就病
死了。刘表的儿子刘琮（cóng）投降了曹操，并送上了"大
礼包"襄阳城。

当时刘备正在与襄阳一水之隔的樊城，曹操大军突
然逼近，兵力薄弱的刘备只好选择逃跑。刘备的军队被
曹军打得颠沛流离，直到了夏口，才稳定下来。

这时候，孙权也收到曹操的恐吓信。曹操恐吓说，若不乖乖投降，他将率百万大军踏平江东。曹操的威胁虚构之话，把孙权手下的谋士们吓破了胆，很多人开始嚷嚷着投降，只有鲁肃还清醒，主张联刘抗曹。

在曹操进兵荆州以前，孙权就派鲁肃到荆州去打探军情。刘备乘机派诸葛亮和鲁肃一同前往去见孙权，商议联合抗曹的事。

为了说服众多谋臣，鲁肃只好请诸葛亮出马。一见诸葛亮，东吴第一大谋士张昭首先发难说："听说刘备跑你家里三回，才把你请出山。本想夺取荆襄之地，不成想荆襄被曹操夺去，这是怎么回事？"

诸葛亮心想，如果不先难倒张昭，就没法说服孙权联刘抗曹。诸葛亮说："取这些地盘易如反掌，只是不忍心夺同宗的基业，才被曹操捡了大便宜。现在屯兵江夏，是另有宏图大计，这可不是等闲之辈所能懂的。"一番话，说得张昭哑口无言。

之后，一个谋士高声问道："曹操屯兵百万，将列千员，要踏平江夏，先生认为该怎么办呢？"诸葛亮望去，此人乃是虞（yú）翻。诸葛亮道："曹操收了袁绍的残兵，劫刘表的乌合之众，虽然百万之军，也没什么可怕。"

虞翻一听冷笑道："你们军队败于当阳，跑到了夏口，还说'不怕'，这可真能吹啊！"诸葛亮道："退守夏口是为了等待更好的时机。而你们江东兵精粮足，且有长江天险，竟有人想投降曹贼，这难道不令人耻笑吗？"虞翻被说得哑口无言。

座中又一人发问："孔明先生难道想效法张仪和苏秦来游说我们东吴吗？"诸葛亮一看是步骘（zhì），回敬道："先生以为张仪、苏秦是辩士，却大概还不知道他二人也是豪杰吧；苏秦佩挂六国相印，张仪两次为秦国宰相，都是匡扶（kuāng fú；匡正扶持）国家的谋士。你们只听了曹操的假诈之话，就吓得想去投降，还好意思笑话苏秦和张仪吗？"东吴的谋士一个接一个地向诸葛亮发难，先后有七人之多，都被诸葛亮反驳得无言以对。

此时的孙权，拔出宝剑，砍掉奏案的一角，厉声说道："谁敢再说'投降'二字，就和这奏案一样！"

最危险的"赌注"

故事主角：诸葛亮

故事配角：周瑜、鲁肃等

发生时间：公元 213 年

故事起因：周瑜故意提出限十天造十万支箭，机智的诸葛亮一眼识破这是害人之计，却淡定表示"只需要三天"

故事结局：诸葛亮利用曹操多疑的性格，调了草船诱敌，终于借到了十万余支箭

　　孙刘联军联手抗曹后，就开始了战争前的准备。吴国的大将周瑜，心胸有点狭窄，很妒忌诸葛亮的才能。因水中交战需要大量的箭，周瑜忽然灵机一动，想借此事杀掉诸葛亮。

　　周瑜请诸葛亮来开军事会议，说："我们跟曹军水上交战，用什么兵器最好？"诸葛亮说："用弓箭最好。"周瑜说："先生跟我想得一样。只是现在缺箭，想请先

生负责赶造十万支，希望先生不要推却。"诸葛亮当即答应。周瑜要诸葛亮在十天内完成，哪知诸葛亮说只要三天，还立下了军令状。周瑜窃喜，心想除掉诸葛亮的机会来了。

诸葛亮告辞以后，周瑜就让鲁肃到诸葛亮那里察看动静。诸葛亮对鲁肃说："这件事要请你帮我的忙。希望你能借给我 20 艘船，每艘船上配 30 个士兵，船要用青布幔（màn）子遮起来，还要一千多个草靶子，排在船两边。不过，这事千万不能让你家都督知道，否则就不灵了。"鲁肃回报周瑜，只说他不用准备材料，绝口不提诸葛亮的计划。

第一天，不见诸葛亮有什么动静！第二天，仍然不见诸葛亮有什么动静！到第三天四更的时候，诸葛亮秘密地请鲁肃一起到船上去，说是一起去取箭。诸葛亮吩咐把船用绳索连起来向对岸开去。

那天江上大雾弥漫，都看不见对面的人。当船靠近曹军水寨时，诸葛亮命船一字摆开，叫士兵擂鼓呐喊。曹操以为对方来进攻，又因雾大怕中埋伏，就从旱寨派六千名弓箭手朝江中放箭，一时间，伴着"嗖嗖嗖"的声音，雨点般的箭纷纷射在草靶子上。过了一会儿，诸葛亮又命船掉过头来，让另一面受箭。太阳出来了，雾要散了，诸葛亮命船赶紧往回开。

这时船两边的草靶子上密密麻麻地插满了箭，每只船上至少有五六千支，总共有 20 艘船，总数远远超过了十万支。

当鲁肃把借箭的经过告诉周瑜时，周瑜感叹地说："诸葛亮神机妙算，我不如他。"

一把火，烧跑了曹孟德

故事主角：周瑜
故事配角：曹操、黄盖等
发生时间：公元 208 年
故事起因：面对南下的曹军，刘备和孙权形成抗曹联盟，
并进驻赤壁
故事结局：在赤壁一战，孙刘联军运用火攻，杀得曹军死
伤了大半

公元 208 年，面对气势嚣张的曹军，刘备和孙权暂时达成了抗曹联盟。孙权令周瑜等将领率精兵三万，与刘备大军一齐进驻长江南岸的赤壁，与江北曹操的军队隔江对峙。

曹操的士兵来自北方，很不习惯南方潮湿的气候，再加上不习惯乘船，没多久许多人就病倒了。曹操见士兵们身体虚弱，只好召集谋士们商量对策。这时，有人

77

献上连环计——将水军的大小战船分别用铁环锁住，十几条船一排，每排船上再铺上宽阔的木板，不仅人可以在上面行走自如，就是马也可以在上面跑起来。曹操听了非常高兴，立即下令连夜打造铁环，锁住大小战船。

周瑜的部将黄盖说："如今敌我力量悬殊，难以长期鏖战。现在曹军把战船连在一起，首尾相接，我们可以用火攻，一定能击败曹军。"周瑜一听，拍手叫好。为了接近曹营，他俩还上演了一出"周瑜打黄盖"的苦肉戏，让黄盖假装投降曹军。

周瑜派人给曹操送去一封信，以黄盖的名义表示要投降曹操。曹操以为东吴的人害怕兵败身亡，便没怀疑黄盖的假投降。周瑜在江东将各路人马布置妥当，只等东南风起，火攻曹营。

公元208年冬至那天半夜，果然刮起了东南风，而且风势越来越猛。黄盖又给曹操去了一封信，约定当晚带着几十只粮船到北营投降。

当天晚上，黄盖率领20只战船浩浩荡荡向北岸驶去。船上装满了干草、芦苇，浇了膏油，上面蒙上油布，严严实实地把船遮盖住。每只船后又拴着三只划动灵活的小船，小船里都埋伏着弓箭手。

　　见黄盖的船驶来，曹营士兵一阵欢呼。黄盖的大船离北岸约两里左右时，只见黄盖大刀一挥，20只大船一齐着起火来，火焰腾空而起，20只战船像狂舞的火龙，一起撞入曹操的水军中。火乘风势，风助火威，一眨眼的工夫，曹军的水寨成了一片火海。水寨外围首尾相接的连环船，一时间拆也无法拆，逃也逃不走，只能被大火烧尽。黄盖他们则跳上小船，不慌不忙地接近北营，向岸上发射火箭。这样一来，不但水寨里的战船被烧，连岸上的营寨也着了火。一时间，江面上火逐风飞，一片通红，漫天彻地。

　　刘备、周瑜一看北岸火起，马上率水陆两军同时进攻，杀得曹军死伤了一大半，狼狈的曹操只好率领残部向北逃去。

汉中成了老刘家的

故事主角： 刘备、赵云

故事配角： 曹操、黄忠、张郃等

发生时间： 公元 219 年

故事起因： 黄忠带兵前去劫粮草却中曹军埋伏，赵云前去
一探究竟

故事结局： 赵云带领部下英勇奋战，并吓退曹军，刘备最
终取得汉中

公元 219 年 3 月，汉中危在旦夕。为解汉中之困，曹操亲率十万大军出斜谷，抵达汉中，欲与刘备军一决胜负。刘备很是精明，他硬是凭险固守，坚持不出兵，试图耗死魏军。想要大战一场的曹操，一时也无可奈何。

探子报告，说曹操在北山下运粮。刘备听后心动了，打算派人去劫曹操粮草，袭击曹军北山下的粮库。刘备召集军中众将，询问谁愿出战。老将黄忠起身，英勇地叫道"我愿出战"。

黄忠带着几千人马轻骑突击，到了北山附近，见粮库里仅有数百士兵屯驻，心中暗自高兴，快马加鞭，一直向前冲去。却不想中了曹军埋伏，曹军从四面攻过来。双方厮杀一阵后，黄忠只觉围攻的曹军越来越多，退路也被断了。

刘备迟迟不见黄忠归营，深感不妙。赵云担忧黄忠及部下安危，便向刘备请命，前去一探究竟。

赵云披盔戴甲，挑选了数十名忠心耿耿、作战勇猛的部下离营而去。当赵云率队一路奔驰到北山下时，正好碰到曹操加派过去围攻黄忠的部队，赵云心中暗暗吃惊。

赵云手提银枪，回身对部下说："如今突遇强敌，回撤已不可能，只有勇猛出击，才能挫败敌人锐气。"赵云的部下齐声高呼"愿随赵将军死战"。赵云振臂一呼"随我突击"，便直向曹军先锋部队冲去。

赵云在数千曹军中，提枪骤马，横冲直撞，好一场厮杀。赵云一边战斗，一边领着部下退去，而被杀散的曹军也很快重新聚集起来，直向赵云逃走的方向追去。

天黑后，曹操大军来到赵云营前，却吃惊地看到蜀寨中寂静无人，营门大开，只能听到风卷旌（jīng）旗的声音。在一片寂静中，赵云单枪匹马，立于营门之外，就如同雕塑一般，一动不动。

数万大军在一人面前，畏畏缩缩，慢慢前进。军队距离赵云越来越近，然而赵云仿佛不会动一般，他胯下的白马也是异常宁静。突然间，赵云胯下白马嘶鸣一声，打破了整个夜空的沉寂，曹军主将绷紧的心弦断了，拔马便走，引军回撤。

曹操军队就这样被赵云的空营计吓走，赵云下令鸣击战鼓，冲天的鼓声顿时响起。曹军听到鼓声，逃跑的速度更快了。赵云连忙下令追击，追击到汉水后，曹军争着渡河，掉进河里的、被马匹踩死的或是溺死的人不计其数。

公元 219 年 5 月，曹军撤回长安。刘备采用拖延战术，成功地抵御了曹操的进攻。曹操撤军，刘备彻底取得汉中，成了名副其实的汉中王。

水淹七军，老天来帮忙

故事主角： 关羽

故事配角： 曹仁、于禁、庞德等

发生时间： 公元 219 年

故事起因： 关羽进攻樊城，曹操派于禁、庞德前去救援

故事结局： 连续数日天降大雨，曹军被淹，关羽趁机围杀并大获全胜

刘备成为汉中王后，拜关羽为前将军，居于众将之首。关羽觉得，连黄忠这样的老将都在定军山中斩杀了夏侯渊，自己若不能立个大功，以贺刘备进位之喜，实在是没有面子。因此，关羽想在曹军占领的襄阳、樊城上寻得突破。

公元 219 年，关羽率驻扎荆州的军队，浩浩荡荡地向襄阳、樊城进发，很快将襄阳、樊城包围起来。

当时关羽主攻的是樊城，樊城守将曹仁抵挡不住关羽军队的进攻，只得向曹操告急求援。曹操急忙派于禁、

庞德前去樊城援助曹仁。

这一年8月，天公不作美，忽然下起了大雨。于禁和庞德担心军队受降水的影响，特意将军队带到稍高的地方驻扎。然而，于禁万万没有想到的是，这场雨并没有及时停下。大雨连下十多天，雨水凝成一股股巨流，流入汉水。骤涨的江水波涛汹涌，最终冲垮了堤岸。如此一来，整个樊城及周边之地就遭了殃。

因为缺乏船只，于禁等七军都被洪水给淹了。最后，迫于无奈，于禁仅带领手下将领数人登上高处躲避。泛滥的洪水夹杂雨水，将万名曹军卷入水中，四处可见快要溺死的士兵挣扎扑腾的场景。

就在于禁等人垂首待死之际，关羽则捋（lǚ）着胡须笑了。关羽带有充足的船只，也不畏惧洪水，这正是关羽扫清曹军的最好机会。于是，关羽带领士兵乘着大船，攻击在洪水中挣扎的曹军，并直取在高处躲避洪水的于禁等将领。于禁为了保命，便投降了关羽。

然而，庞德很有骨气，领着部分将领和士兵继续与关羽战斗。关羽站在船头，命令士兵乘大船将堤坝团团围住，用弓箭射击。而庞德也身披铠甲、手执弓箭在堤

坝上回击，他一支支地取着箭，怀着无尽的愤怒射出，箭无虚发。

关羽的进攻越来越猛烈，庞德的箭都已用尽，最后只能近距离肉搏。因寡不敌众，庞德还是被关羽擒获。

关羽好话说尽，谁知庞德脖子很硬，宁死不屈。关羽一来气，命令部下直接把庞德给砍了。

关羽：敢问路在何方

故事主角： 关羽

故事配角： 孙权、吕蒙、糜芳、士仁等

发生时间： 公元 219 年

故事起因： 关羽带兵攻打曹军之时，吴国吕蒙趁虚偷袭江陵。关羽遭到曹、孙两军夹击，引残兵退守麦城

故事结局： 关羽在败走麦城时为吴将擒获，一代名将最终被斩杀

关羽在樊城打了胜仗，接受了于禁等人的降军数万人，但人一多，粮食就不够吃了。有些孤傲的关羽，便私自取用了孙权屯放在湘关的粮米。这件事既激怒了孙权，又为他攻取荆州提供了理由。

预谋良久的孙权，急忙派吕蒙担任统帅，直取荆州。吕蒙领兵进攻荆州，欲夺南郡。他抵达寻阳后，把精锐士兵埋伏在大船中，并让平民百姓站在船头摇橹，自己

穿上白衣服扮成商人模样，昼夜赶路。路上，凡是碰到关羽设在江边的巡逻哨所，吕蒙就命部下把那里的官兵关押起来。吕蒙的行动相当隐秘，关羽对此一无所知。

关羽为人一向自傲，他在荆州时，侮辱过不少将领。南郡太守糜（mí）芳屯兵江陵，将军士仁驻扎在公安，他们都对关羽的轻视十分不满。自从关羽出兵樊城后，糜芳、士仁担负供给军粮物资的任务，不能完全做到及时。关羽因此还发过火，还说出"回来再收拾你们"的话，

　糜芳和士仁全都很害怕。

　　吕蒙知道糜芳、士仁与关羽不和，便派遣使者引诱糜芳、士仁投降。糜芳和士仁见吕蒙兵力雄厚，自己难以抵挡，又害怕关羽的恐吓，就一起投降了吕蒙。

　　吕蒙不费一兵一卒占领江陵后，放了被关押的于禁，俘虏了关羽及其将士们的家属。吕蒙还下令，优待俘虏，不得骚扰百姓和向百姓索取财物。他还派亲信给病人送药，给饥寒的人送粮食和衣服。

此时，关羽再次进攻樊城却吃了大亏，又听说南郡丢了，急忙引兵南撤。在撤退中，关羽多次派使者与吕蒙联系，而吕蒙则利用机会，厚待关羽的使者，允许他在城中到处走动。使者返回军中后，将士们得知家属平安，所受礼待超过以前，便都无心再战。

关羽眼见部下都泄气了，自知江陵难以取回，很是沮丧。偏巧孙权又在这时候率领大部队抵达江陵。关羽对比双方实力，见不是对手，就逃往了麦城。

逃到麦城后，孙权派人诱降他。关羽假装投降，把幡（fān）旗做成人像立在城墙上，然后逃跑。此时士兵们都跑散了，留在关羽身边的只有十余名骑兵。

孙权料到关羽会逃走，事先派兵切断了关羽的去路。公元219年，吴将司马忠擒获了关羽和他的儿子关平。孙权对关羽的傲慢无礼很是气愤，最终将关羽斩杀。一代名将，就此划下生命的句号。

一首诗，救了一条命

故事主角：曹植

故事配角：曹丕、曹操、曹洪等

发生时间：不详

故事起因：曹丕嫉妒曹植的才华，曹丕继承帝位后，便想借七步作诗来害死曹植

故事结局：曹植在七步内一字一顿，作出了《七步诗》，而免于被害

魏武帝曹操有很多儿子，其中曹丕和曹植最得曹操欢心。曹丕和曹植都是卞（biàn）皇后所生，但是两人的性格却完全不同。曹丕喜欢舞枪弄棒，也很有文才，但他野心很大，心机很深。每次曹操出征前，曹丕都会流眼泪，表现得十分挂念父亲的安危，曹操因此认为这个儿子性情憨厚。

曹丕有个叔叔，名叫曹洪，是个一毛不拔的铁公鸡。

曹丕见曹洪家富得流油，就费尽心思地找他"借"绢绸（chóu）、银两。曹洪不愿意，曹丕就一直怀恨在心。有一次，曹洪犯了法，曹丕逮住这个机会，把曹洪抓起来要杀头，后来多亏卞皇后出面劝阻，曹洪才捡回一条命。

相比之下，曹丕的弟弟曹植就忠厚得多了，他不热衷于权力之争，也不像曹丕那样擅长武艺，但是文才却远在曹丕之上。东晋有个大才子叫谢灵运，他曾经说，天下才华有**一石**（古代计量单位，一石等于十斗），曹植一个人就占了八斗。

曹操死后，曹丕继承了帝位，他十分

嫉妒曹植的才华，想要害死这个弟弟。有一次，曹丕叫来曹植，当着文武百官的面，对曹植说："听说你总是觉得自己怀才不遇，对我这个当哥哥的很不满意。今天我就给你一个机会证明一下自己的能力，限你在七步之内当众作一首诗，否则就处死你！"

曹植听后，环视四周，在场的百官都低头不语，没有一个人敢出来替他鸣不平。他心里明白这是曹丕存心想要杀自己，悲愤之余，也只好思考对策。要说曹植的才华，果真是名不虚传，还没走完七步，一首诗就已经作成了。他两眼直视着曹丕，一字一顿地念道：

煮豆燃豆萁（qí），豆在釜（fǔ）中泣。

本是同根生，相煎何太急？

诗的大意是说，烧着豆秆煮豆子，豆子在锅里哭泣。原本生长在同一条根上，为什么要这样急迫地加害呢？

曹丕听了这首诗，明白曹植是在谴（qiǎn）责自己不顾手足之情，顿时感到又惭愧又尴尬（gān gà），一时间不忍心杀害曹植，便将他释放了。

醒木一响，评书开场！

品茶听书，为你讲述有滋有味的三国传奇；

真真假假，权且当茶余饭后的谈资……

今天，我要给大家讲的是——曹操割发代首！

曹操割发代首

一次，曹操率领大军去打仗，正是麦子成熟之季。老百姓害怕军队，都躲到了村外，没有人敢收割麦子。

曹操听说后，立即派人告诉老百姓说：这次出兵是奉皇上旨意讨伐逆贼为民除害的，不会伤害百姓。他叫百姓安心地回家收麦子，并立下军令，如果军队中有践踏麦田的人，立即斩（zhǎn）首。

曹操的军队在经过麦田时，都用手扶着麦秆，小心翼翼地走过麦田，一个挨着一个，没一个人敢践踏麦子。

老百姓在暗处看见了，都相信了曹操，便都回家收割麦子了。

曹操骑马缓慢地向前走着，忽然，一群鸟儿从旁边掠过，曹操的马受到了惊吓，一下子蹿（cuān）到了麦田里，踏坏了一片麦子。曹操立即叫来其他将军，要求用军法处置自己。将军们说："丞相只弄坏了这点麦子，就不用治罪了。"曹操说："是我立下的军令，现在自己却办不到，又怎么去约束士兵，又有什么资格统领军队呢？"说着，就抽出佩剑要自杀，随从赶紧拦住。

这时，大臣郭嘉（jiā）走上前说："古书上说，法不加于尊。丞相现在统领大军，身上背负着很大的责任，怎么能没有您呢？"

曹操沉思了一会儿说："既然'法不加于尊'，我又有重要任务在身，那就暂且免去一死。但是，的确犯了错误，必须受到惩罚。"于是，他用剑割断了自己的一缕头发。

曹操位高权重，能够割发代首，身体力行，实属难得。

知识补给站

"万事俱备，只欠东风"的典故是怎么来的？

赤壁大战前，周瑜准备用火攻破曹，但苦于没有东风而无法实施，一时急火攻心而病倒。诸葛亮前来探病，看出周瑜的心病，便在药方上写下了"欲破曹公，须用火攻，万事俱备，只欠东风"。后来以此比喻一切准备工作都做好了，只差最后一个重要条件。成语"万事俱备，只欠东风"也由此演化而来。

关羽被民间尊为"关公"，关于他的故事都有哪些？

关羽是东汉末年蜀国名将，他忠肝义胆、正气凛然，是刘备的得力干将。关于他的经典故事有：桃园三结义、千里走单骑、华容道义释曹操、过五关斩六将、水淹七军、败走麦城等。

你知道"白帝城托孤"的故事吗？

刘备在白帝城一病不起，召诸葛亮等人托孤。刘备对诸葛亮说："如果你看阿斗是个当皇帝的料，你就辅佐他，如果他不是个当皇帝的料子，你就取而代之吧。"诸葛亮哭着说："我一定尽我所能去辅佐少主，为了大汉竭智尽忠，直到死的那一刻。"刘备死后，诸葛亮尽心辅佐刘禅，为蜀汉鞠躬尽瘁。

"周瑜打黄盖"具体是怎么回事？

赤壁之战时，为了让曹操上当，周瑜决定使用苦肉计，黄盖自告奋勇。周瑜故意痛打黄盖一顿，让黄盖假装气愤而投敌。这正是做给诈降吴营的蔡中、蔡和看的，蔡中、蔡和又恰好将这一假情报传回了曹营，曹操便深信不疑。在黄盖诈降的掩护下，孙刘联盟最终取得赤壁之战的胜利。

第 **5** 章

斗来斗去的三国

有言在先

公元 220 年，汉朝丞相曹丕称帝，建立了魏国，定都洛阳。一看祖宗的基业被吞了，刘备只能眼巴巴地接受现实。公元 221 年，刘备也在成都称帝，建立了蜀国。两大对手都成了皇帝，岂能少了东吴？公元 229 年，不甘示弱的孙权也正式称帝，建立了吴国，定都武昌，后迁到建业。从此，三家分割天下，鼎足而立，开始了一场场你争我夺的拉锯战。

故事万花筒

冲动真的是魔鬼

故事主角: 刘备

故事配角: 孙权、陆逊、孙桓等

发生时间: 公元 221 年—公元 222 年

故事起因: 刘备为报兄弟之仇，不顾劝阻而执意发动大军
进攻东吴

故事结局: 陆逊在夷陵火烧连营 700 里，几乎令蜀军全军
覆没

公元 221 年，刘备在曹丕篡（cuàn）汉建魏后，于
成都称帝。为了给关羽报仇，刘备不听诸葛亮的劝阻，
执意调集 75 万大军进攻东吴。更不幸的是，刘备出兵前，
三弟张飞又被部将杀害，而且凶手还投奔了东吴。旧恨
未消又添新仇，被气红了眼的刘备一刻也等不了了。

见来者不善，孙权很害怕，急忙派使者前去求和。
想求和？没门！刘备一路冲杀到东吴境内，攻占了东吴大片土地，从巫峡到夷陵的六七百里的山地上，蜀军一连设置了几十处兵营。

吴国都督陆逊（xùn）看蜀军士气旺盛，又占据有利地形，就坚守不出。这时，东吴的孙桓被蜀军包围在夷道（今湖北宜都），派人向陆逊求救，陆逊的部将也纷

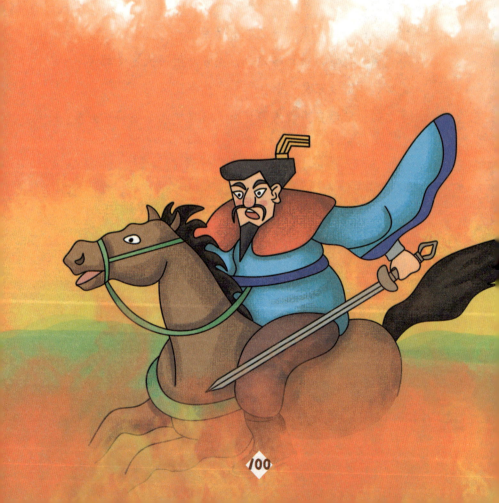

纷要求出兵。陆逊却对大家说："孙桓很得军心，夷道城池牢固，粮草充足，不必忧虑，等我的计谋实现后，孙桓自然就解围了。" 东吴众将见陆逊这样说，又急又恼，便纷纷在背后骂陆逊："胆小如鼠、缩头乌龟、胆小鬼……"总之，什么难听的话都有。

吴军军营怨气冲天，蜀军军营也是焦灼烦躁。刘备一直找不到决战的机会，太阳炙烤着大地，逼得烦躁的刘备带着烦躁的数万士兵，只得躲进树林里，躺在大树下，

借树荫来消除内心的焦躁。

听说刘备躲进林里扎营，眉毛锁了半年的陆逊顿时眉开眼笑。他叫来将领们，兴奋地宣布时机到了。陆逊寻找到了完美的破敌之法——火攻蜀军连营。

当时蜀军的营寨不仅扎营在全是树林、茅草的环境中，而且所有营寨全用木头筑成，一旦起火，蜀军必然被火吞噬（tūn shì；吞没）。陆逊计策一来，诸将都感到兴奋，吴军上下再次充满斗志！

决战开始了，陆逊命令士兵突袭蜀军营寨，并顺风放火。放完火后，陆逊也不闲着，迅速动员全军，集中力量突击刘备的主营。蜀营正值放松时期，不料火势来袭，一时间，哀嚎遍野，死的死，伤的伤。陆逊乘势向蜀军发起全面反攻，一举攻破了40多座蜀军营寨。

刘备大败，逃至马鞍山。陆逊命令各路吴军，围住马鞍山并发起猛攻，留在马鞍山的上万名蜀军一下子全部溃败，死伤不计其数。一直战斗到夜里，刘备才带着残兵败将突围，逃回了白帝城。经此战，蜀军几乎全军覆没。

我把儿子交给你了

故事主角：刘备

故事配角：诸葛亮、刘禅等

发生时间：公元 223 年

故事起因：刘备在白帝城一病不起，他临终前，将刘禅托付给诸葛亮

故事结局：刘备死后，诸葛亮拥立刘禅为帝，尽心尽力地辅佐他治理国家

公元 223 年，因经受夷陵一战的惨败，刘备在白帝城一病不起。此时，好兄弟的大仇未能得报，而蜀国几十万大军也葬送殆（dài）尽，这让刘备肝肠寸断，恨不得吃了东吴孙权。但一切，又都躲不过命运的安排。

刘备临终前，派人从成都请来了诸葛亮，召集众大臣到齐，提笔写下了遗嘱，交给诸葛亮，然后感叹地说："我本想和你们一同消灭曹丕，可是不幸中途分手。请丞相把我的遗嘱交给刘禅，以后的一切事情，都听从丞

相的指点。"

诸葛亮听后，立刻拜倒在地上说："望陛（bì）下宽心，臣等一定为国效劳，全力辅佐少主。"

刘备叫左右的人扶起诸葛亮，一手掩着眼泪，一手握住诸葛亮的手说："我的儿子刘禅没什么本事，如果他还可以帮助的话，就帮他一把，实在不行，就请丞相你取而代之吧！"

诸葛亮听到这里，立即哭拜在地说："我一定尽力辅佐少主，一直到自己死了为止。"在场的大臣们见了此景，也都哭了起来。

公元 223 年 4 月，63 岁的刘备带着未竟的事业和遗憾死去。刘备死后，诸葛亮拥立刘禅为帝，尽心尽力地辅佐他治理国家。当时刘禅只有 17 岁，他懦（nuò）弱无能，整天只想着玩乐，一切事情都交给诸葛亮处理。

由于刘禅的小名又叫阿斗，于是大家暗地里都戏称他为"扶不起的阿斗"。

我儿要行，请一定帮他一把。

面对这样的君主，诸葛亮始终遵守自己当初的诺言，毫无怨言地为蜀国日夜操劳。为了完成刘备的遗愿，实现全国统一，诸葛亮曾前后多次北伐。

一场七比零的"擂台战"

故事主角：孟获、诸葛亮

故事配角：雍闿、王平、魏延等

发生时间：公元 223 年—公元 225 年

故事起因：刘备死后，南中地区各部族纷纷反叛蜀汉

故事结局：诸葛亮七擒七纵孟获，将其彻底征服，平定了
南中

公元 223 年，蜀汉益州郡有个豪强雍闿（kǎi），听说刘备死去，就杀了益州太守，发动叛变。他一面投靠东吴，一面又拉拢了南中地区一个少数民族首领孟获，叫他去联络西南一些部族共同反抗蜀汉。不久，这些部族便纷纷反叛。

如此明目张胆反叛，岂能容忍？公元 225 年，诸葛亮亲自率兵南征，并亲率主力进入益州。这时，雍闿已被杀死，孟获为统帅，决定与诸葛亮死磕到底。孟获在当地少数民族中很有威望，所以诸葛亮决定生擒孟获，

令其心服归降。

　　孟获远远看见蜀兵队伍交错、旗帜杂乱，心想："人们都说诸葛丞相用兵如神，看来言过其实了。"孟获冲出阵去，蜀将王平迎战。没有几个回合，王平掉头就跑，孟获一口气追了 20 多里。忽然四下里杀声震天，蜀军冲杀出来，孟获拼命冲出重围。前边路狭山陡，孟获只得丢下马匹爬山。

忽然，又是一阵鼓声，魏延带领 500 人冲杀出来，毫不费劲地活捉了孟获。

孟获被押到大帐里，诸葛亮问："现在你被活捉了，有何话说？"孟获说："我是因为山路狭陡才被捉住的。"诸葛亮道："你要是不服气，我放你回去如何？"孟获

答得倒也干脆："你要是放了我，我重整兵马，和你决一雌雄，那时再当了俘虏，我就服了。"诸葛亮立即放他回去。

孟获回去以后，派他手下的两个曾被俘虏的洞主出战，但他们又打了败仗。孟获说他俩是故意用败阵来报答诸葛亮，把他们痛打了100军棍。这两人一怒之下，带了100多个南兵，冲进孟获的营帐，把喝醉了的孟获绑了起来，献给了诸葛亮。

诸葛亮笑着对孟获说："你说过，再当俘虏就服了，现在还有什么话说？"孟获振振有词地说："这不是你的能耐，是我手下人害的，这怎么能让我心服呢？"诸葛亮见他不服，就又放了他。

到了第七次擒住孟获时，诸葛亮也不说话，只是给他解了绑，送到邻帐饮酒压惊，然后派人对孟获说："丞相不好意思见你了，让我放你回去，准备再战。"孟获听了这话，流下了眼泪，他对左右说："丞相七擒七纵，待我仁至义尽，我要是再不感谢丞相的恩德，就太不知羞耻了。"至此，孟获被彻底征服，诸葛亮平定南中，解除了蜀汉的南面之忧。

用人不慎，满盘皆输

故事主角：马谡、诸葛亮

故事配角：张郃、王平等

发生时间：公元 228 年

故事起因：马谡违反了诸葛亮的作战部署，不听王平的劝告

故事结局：曹魏获胜，马谡被击破，诸葛亮被迫撤军

228 年，诸葛亮第一次出兵祁山，准备向魏国进攻。面对蜀汉的大举进攻，魏明帝很是镇静，派张郃带领五万人马赶到祁山去抵抗。

诸葛亮到了祁山，准备派出一支人马去守街亭。部将马谡觉得这是展示才华的机会，就主动请战，并立下了军令状。马谡平时读了不少兵书，也很喜欢谈论军事。诸葛亮每次和他商量起打仗的事，他都口若悬河，讲得有板有眼。他也曾出过一些好主意，所以诸葛亮很信任他。先主刘备在世的时候，特意叮嘱诸葛亮："马谡这个人

言过其实，不可重用。"这次，诸葛亮派马谡去守街亭，想起刘备的忠告，有所顾虑，便让做事稳妥的王平做副将来协助他。

马谡和王平带领人马刚到街亭，张郃也率领魏军赶来。马谡看了地形，对王平说："这一带地形险要，街亭旁边的山上可以安营扎寨，布置埋伏。"

王平极力反对，提醒他说："我们来之前，丞相嘱咐过，让我们坚守城池，稳扎营垒。在山上扎营是很危险的。"

此时的马谡犯起了犟劲，根本不听王平的劝告，坚持要把营寨扎在山上。王平苦口婆心，马谡就是不听。王平只好央求马谡拨给他一千人马，驻扎在山下临近的地方。

张郃到了街亭，看到马谡放弃现成的城池不守，却把人马驻扎在山上，暗暗高兴。他吩咐手下将士，在山下筑好营垒，把马谡扎营的那座山围困起来。马谡几次命令兵士冲击山下的魏军，但是由于张郃坚守营垒，蜀军不仅无法攻破，反而被魏军乱箭射死了许多士兵。

很快，魏军又切断了山上的水源。蜀军在山上断了水，

连饭都做不成，时间一长，内部乱了起来。张郃看准时机，发起了总攻。蜀军兵士纷纷逃散，马谡阻拦不住，只好自己杀出重围。

听说街亭失守，诸葛亮痛心疾首。为了

避免遭受更大损失，诸葛亮只能将蜀军全部撤回汉中。

当得知街亭失守完全是由于马谡违反了作战部署时，诸葛亮追悔莫及。马谡也承认是自己的过错造成了失败。诸葛亮按照军法，含泪斩杀了马谡。

诸葛亮虽然杀了马谡，但一想起他和马谡平时的情谊就十分难过。为了惩罚自己用人失误，诸葛亮主动上书请求将自己官职贬降三级。

司马懿收到了女装

故事主角： 诸葛亮、司马懿

故事配角： 孟琰、魏明帝、辛毗等

发生时间： 公元 234 年

故事起因： 司马懿守城不出，诸葛亮为了激怒魏军将领，给司马懿送来了一套女人的衣服

故事结局： 老谋深算的司马懿不为所动，使诸葛亮的激将法失效

公元 234 年，诸葛亮开始了最后一次北伐。蜀汉大军一到魏国，就扎营于五丈原（今陕西岐山），大有与魏军一决雌雄的架势。

司马懿听说"老朋友"诸葛亮又来了，急忙领兵前往阻挡。司马懿到了前方，看蜀军没有大动静，就在城里坚守不出，想等待一招制敌的好机会。

一天，诸葛亮派孟琰（yǎn）驻扎武功水北。孟琰前

往驻扎后，河水忽然高涨，使他和诸葛亮的联系被彻底阻断。司马懿马上来了精神，立即派兵进攻孟琰。诸葛亮见状，非常着急，又是派兵架桥，又是隔岸射箭。桥快架好时，司马懿赶紧退兵，一次好机会就这样溜走了。

退兵后的司马懿，更加不愿轻易出战了。而诸葛亮这边，眼见日子一天天过去——从出兵到现在已有半年，他再也等不了了，竟想出了这样一个方法——给司马懿送去一件神秘的礼物。

礼物到了魏营，武将们好奇诸葛亮到底唱的哪出戏。司马懿接过礼物盒子，打开后，原来是一套女人的服饰，从头巾到衣服，样样俱备，花色很精美，样式也很时髦。诸将一看，虽有几分好笑，却也为司马懿、为魏国感到羞愧。这礼物是在告诉司马懿："你整天窝在城里，不敢出来迎战，就是个缩头乌龟，一点都不像个真爷们儿，倒像个小女人。"当时，一个七尺男儿被当成一个女人，绝对是非常大的羞辱。因此，诸将都为司马懿打抱不平，一时间各种羞愧和愤怒充斥着整个魏营，诸将纷纷要求出战。

司马懿明白诸葛亮的小算盘，诸葛亮的目的就是激怒司马懿的部下，从而让他们集体请战，最终与魏军寻得交战的机会。司马懿也明白每个人都在气头上，这个时候说再多道理也是没有用的。于是，他对将领们说："大家冷静，我这就给皇上上个奏章，请求出战。"

司马懿上奏章不过是为了拖拖时间，经

过奏章传到魏明帝那里、再从魏明帝那里传回一份诏令的这段时间，武将的愤怒也基本可以消掉了。另外，魏明帝若回书指示"坚守"，那刚好能借魏明帝来压压诸将，让诸将明白无故请战是没必要的。

果然，魏明帝大笔一挥："不准！"为了稳定军心，魏明帝还派出了他的心腹辛毗（pí）来做司马懿的军师，以控制他的行动，诸将见皇上都这样决定了，于是也不再请战。诸葛亮的激将法没能奏效。

死了也能吓跑你

故事主角：诸葛亮

故事配角：司马懿、李福、杨仪、姜维等

发生时间：公元 234 年

故事起因：诸葛亮在五丈原病逝，司马懿根据推断，趁机进攻蜀军

故事结局：根据诸葛亮临死前的妙计和部署，蜀军全身而退

公元 234 年 8 月，诸葛亮终因积劳成疾而病倒，病情日益恶化。司马懿得知后，趁诸葛亮病重不能统军之时，率军袭击其后方，大获全胜。

诸葛亮病重的消息传到了成都，后主刘禅派李福去探望诸葛亮，诸葛亮对李福讲了自己死后的国家大计，又对各将领交代了后事。没过几天，诸葛亮便在秋风乍起的五丈原病逝了。

诸葛亮也知道自己逝世的消息如若传出，势必会引

起蜀军恐慌，从而为魏国制造进攻的时机。因此在临死前，诸葛亮对着几位亲信安排好了后事，献出了生命的最后一场绝唱。

蜀军按照诸葛亮的安排，秘不发丧，整军后退。有

当地百姓见蜀军退走，便向司马懿报告。司马懿因此推知诸葛亮必已死于军中，便立即出兵追击。这时忽然有蜀将杨仪摇旗呐喊，好像要反击。司马懿以为中了诸葛亮的诱敌之计，急忙撤军。到了第二天，蜀军退去，司马懿到蜀军空营巡视后，赞叹诸葛亮为"天下奇才"。

司马懿见蜀军真的退兵了，推断诸葛亮已死，忙率兵急追。这时，姜维推出雕刻成诸葛亮模样的木雕并率领大军回返，司马懿看到"诸葛亮"，认为诸葛亮装死引诱魏军出击，赶紧飞马撤退。姜维看到司马懿要跑，把嗓子放到最大声，吼道："贼将休走！你中了我丞相的计了！"姜维这一吼可谓惊天动地，大量的魏国士兵放弃抵抗，拔腿就跑，司马懿跑得更快，一口气跑了几十里。司马懿显然是受到了惊吓，多次问手下将领："我的脑袋还在吗？"众将回答："还在。"司马懿不敢再追赶。于是蜀军从容退去。

一代名相诸葛亮的生命定格在了 53 岁。诸葛亮前后多次北伐中原，多以粮尽无功，最终也因为积劳成疾，而病逝于五丈原，为蜀汉政权奉献了自己的一生。

醒木一响，评书开场！
品茶听书，为你讲述有滋有味的三国传奇；
真真假假，权且当茶余饭后的谈资……
今天，我要给大家讲的是——曹冲救库吏！

曹冲救库吏

东汉末年，魏国丞相曹操为加强中央集权，制定了许多严刑酷（kù）法约束属下行为。

一天，一个库吏到仓库中检查物品，发现曹操坐骑上的马鞍（ān），不知道什么时候被老鼠咬掉了一块，顿时被吓坏了。他找来了一根长绳，把自己捆绑起来去曹操那里请罪。

路上，库吏碰到了曹操的儿子曹冲。曹冲觉得很是奇怪，于是就问："您这是在做什么啊？"库吏就对曹冲如实地说出了原因。曹冲劝告道："您先别急，让我给您想想办法。"

　　说着，曹冲找了把小刀，在自己的衣服上戳（chuō）了许多小洞，就跟老鼠咬坏的一样。然后，装成一副忧心忡（chōng）忡的样子去见曹操，满腹心事地说："父亲，您看，我的衣服被老鼠咬成这样。我听说，要是被老鼠咬坏了衣服，主人一定会有灾难临头。"

　　曹操听了大笑起来，摸了摸儿子的头，劝慰（wèi）道："你别听人瞎说，那是没有的事儿，说不定这还是大吉的预兆呢。"

　　曹冲拜别父亲后，又去见了那个库吏，充满信心地说："现在，您去请罪吧，丞相是不会怪罪你的。"于是，库吏十分害怕地前去请罪。

　　曹操见状，诧异地问道："你怎么把自己给绑了起来？"

　　库吏低着头，结结巴巴地说："我……我工作失职，您存放在仓库里的马鞍被老鼠咬了一个洞，请丞相大人责罚我吧。"

　　曹操哈哈大笑道："我儿子的衣服都被老鼠咬坏了，

马鞍放在仓库中，仓库是老鼠最多的地方，被老鼠咬坏，再正常不过了，你起来吧，我不会责罚你的。"

　　说着，曹操让身边随从替库吏解开了绳索。库吏跪谢了曹操，又马上跑到曹冲那儿，感谢曹冲的救命之恩。

小人管理不力，让老鼠咬坏了丞相的马鞍。

知识补给站

在三国历史上，都有哪些运用火攻的战争？

　　三国时期的赤壁之战、夷陵之战均使用了火攻。除此之外，还有很多其他的战役也运用了火攻，如火烧博望坡、火烧乌巢、火烧新野、火烧藤甲兵和火烧上方谷等，这些也是三国知名的火攻之战。

你知道有关诸葛亮的众多经典故事吗？

　　诸葛亮是三国时期的蜀汉丞相，也是中国传统文化中忠臣与智者的代表人物，他未出茅庐，便知天下三分之事，是火烧赤壁、七擒孟获、六出祁山、挥泪斩马谡等众多历史故事的主角。

"木牛流马"是做什么用的？

木牛流马，为三国时期蜀汉丞相诸葛亮发明的运输工具，分为木牛与流马。史载为诸葛亮在北伐时所使用，其载重量为"一岁粮"，大约400斤以上，每日行程为"特行者数十里，群行三十里"，为蜀汉10万大军运输粮食。不过，真实的样式、样貌现在亦不明，对其亦有不同的解释。

"三国鼎立"是怎么回事？

三国鼎立是指东汉灭亡前后，魏、蜀、吴三个政权鼎足而立的局面。三国鼎立的时期一般认为始于公元220年曹丕废汉献帝而称帝，至公元280年西晋灭吴结束。

第6章

司马家族安天下

有言在先

曹魏的天下轮到曹芳掌权后，就出现了两个互相"掰手腕"的人物：一个是大将军曹爽，一个是太傅司马懿。这俩人都是不好惹的主儿，曹爽势力强大、专横跋扈；司马懿人气颇高、老谋深算。在两个集团的对抗中，司马懿放了一个"烟雾弹"——长期在家装病，迷惑老对手曹爽。在高平陵政变时，司马懿将曹爽集团连窝端掉，丝毫不手软。自此之后，曹魏政权就沦为了摆设，成为司马家族控制的傀儡。司马家族经过三代人的努力，最终夺得了天下。曹魏灭亡，西晋的大幕正式开启。

故事万花筒

"翻盘"的机会到了

故事主角：司马懿、曹爽

故事配角：曹芳、桓范等

发生时间：公元 249 年

故事起因：司马懿趁魏帝曹芳、大将军曹爽等去高平陵祭
祀之际，发动政变

故事结局：曹爽兄弟及其党羽被灭掉，司马家族控制了曹
魏政权

    公元249年，魏帝曹芳离开洛阳去高平陵祭奠魏明帝，
大将军曹爽、中领军曹羲（xī）、武卫将军曹训等随行。
此时的洛阳城中，兵力少了一半，这对司马懿来说，是
一个彻底翻盘的好机会。

    面对独断专行的老对手曹爽，司马懿此前一直装病，
蒙蔽了曹氏集团众人的眼睛，自然也就没有人要求他随
行。趁此空虚之际，司马懿上奏永宁太后，请废曹爽兄

弟。当时，司马懿的儿子司马师为中护军，控制京都，司马师暗中还培养了三千死士，这些人马加在一起，战斗力很可观。与此同时，司马懿召集在京城的高官，向他们宣布曹爽有篡夺帝位的计划，称已奉太后之令罢去曹爽官职。这些大官面对德高望重、颇具势力的司马懿，纷纷表示愿意效忠。

一切准备就绪，司马懿用极快、极利落的手段控制了洛阳城。司马懿还发出了经太后批准的奏文，历数曹爽的各种罪状，令快马送至高平陵。

司马懿在京都发动政变时，曹爽正陪着小皇帝在高平陵附近的围场享受着打猎的悠哉时光，当特使把司马懿的奏章送来时，曹爽着实吓得丢了魂，失声叫道："太

太后，必须要严惩曹爽等人。

傅要叛乱，这可怎么办？"慌了阵脚的曹爽扣住奏章，对皇帝封锁消息，自己则命人砍伐树木建成鹿角（为阻止敌军前进而设置的树枝、荆棘之类的障碍物），征发屯兵数千人自守。

危急时刻，桓范劝曹爽挟持皇帝到许昌去，发文书征调天下兵马，再来一个"挟天子以令诸侯"，但曹爽犹豫不决。曹爽反而在夜里派人去见司马懿，探听动静。司马懿趁机说朝廷只是免去了曹爽的官职，只要来请罪就可以。曹爽知道后很是高兴，桓范等人劝他不要轻信司马懿，但曹爽就是不听。大祸临头的曹爽兄弟，抱着侥幸的心理交出了权力。

就在曹爽兄弟庆幸还活着的时候，司马懿也没闲着，开始制造曹爽党族的罪证。不久，司马懿以谋反的罪名，杀曹爽兄弟及其党羽等人，并灭三族。至此，曹魏的军政大权完全落入司马懿的手中。

公元 251 年，司马懿走完了他 73 年的人生旅程。他的孙子晋武帝建立晋朝，为其上尊号为宣皇帝，庙号高祖。

司马昭是个野心家

故事主角：司马昭、曹髦

故事配角：司马伷、贾充、成济等

发生时间：公元 260 年

故事起因：登基后的曹髦不满司马昭的控制，想先发制人除掉司马昭

故事结局：曹髦和其侍从终因寡不敌众而被杀，司马昭又立曹奂为帝

曹髦（máo）是魏文帝曹丕的孙子，有些刚硬倔强，是个不服输的主儿。公元 254 年，13 岁的曹髦登基，这时的朝廷大权完全掌握在司马师手中，但司马师命不好，没多久就病死了。司马师的弟弟司马昭又继承了一切权力。

司马昭更是一个狠角色，长期打压不顺从他的人，而且野心也越来越大。可是他虽然大权在握，但终究没有皇帝的称号。他的下一步便是要取代曹髦，自己做皇帝。

曹髦也是个明白人，知道自己只不过是个"傀儡（kuǐ lěi；比喻不能自主、受人操纵的人或组织）"，哪一天司马昭不高兴了，自己也会挨刀子。与其等死，不如奋力一击，干掉司马昭，即使失败，也不失皇帝的尊严。

公元 260 年五月初六夜里，魏帝曹髦气愤地对几个大臣说："司马昭的野心，连路上的行人都知道。我不能坐等被废掉，今天我将与你们一起出去讨伐他。"几个心腹劝曹髦，说这样做太危险，但曹髦没听，还是率领侍卫前去袭击了司马昭。但是司马昭提前得到了消息，这正好给了司马昭除掉曹髦的借口。

曹髦率领殿中宿卫和奴仆们呼喊着出了宫。司马昭的弟弟司马伷（zhòu）遇到曹髦的军队，曹髦左右之人大声呵斥他们，司马伷的兵士都吓得逃走了。中护军贾充从外而入，面对皇帝亲自率兵来攻打，大家都傻眼了。随从成济问贾充说："事情紧急了，你说怎么办？"贾充说："司马公养你们这些人，正是为了今天。今日的事，没什么可问的！"成济于是抽出长戈上前刺杀曹髦，把他捅杀于车下。曹髦为了自己的国家拼尽了最后一口气，光荣死掉了。

曹髦死后，司马昭又立曹奂为帝（魏元帝）。曹奂很乖，完全服从司马昭。不久，司马昭就自称晋王。

邓艾，蜀国的掘墓人

故事主角： 邓艾

故事配角： 司马昭、诸葛瞻、钟会、姜维、谯周、刘禅等

发生时间： 公元 263 年

故事起因： 司马昭派三路大军进攻蜀国，邓艾出奇兵连续
攻城略地

故事结局： 面对邓艾大军逼近成都，束手无策的后主刘禅
和大臣们选择投降

公元 263 年，司马昭调集了十几万大军，准备一举
消灭蜀国。他派邓艾和诸葛绪各自统率三万人马，派钟
会带领十万人马，兵分三路进攻蜀国。钟会的军队很快
攻取汉中。姜维得知汉中失守，就将蜀兵集中到剑阁据守。

钟会兵力虽强，但姜维把剑阁守得牢牢的，一时攻
不进去，军粮的供应也困难了。钟会正想退兵时，邓艾
赶到了。邓艾让钟会在这里与蜀军对峙，自己领兵从小
道穿插到蜀国后方，这样就能攻破蜀国。钟会觉得邓艾

在说胡话，但一看邓艾很坚决，也就马马虎虎地答应了。

邓艾派自己的儿子邓忠做先锋，拿着斧头、凿子，走在最前面，打开小路通道，自己则率领大军紧跟在后。走着走着，走到了一条绝路上，山高谷深，没法走了。大家一看悬崖深不见底，禁不住抽了一口冷气，好多人打起了退堂鼓。邓艾来了狠劲儿，当机立断，亲自带头用毡（zhān）毯裹住身子先滚下去。将士们不敢落后，照着样子滚下去。士兵们没有毡毯，就用绳子拴住身子，攀着树木，一个一个慢慢地下了山。

邓艾集中了队伍，对将士们说："我们到了这儿，已经没有退路了，前面就是江油。打下江油，不但有了活路，而且能立大功。"镇守江油的将军马邈（miǎo）没想到邓艾会从背后出现，吓得他竖起白旗，向邓艾投降了。

邓艾占领了江油，又朝绵竹方向前进。蜀军驻守绵竹的将军是诸葛亮的儿子诸葛瞻。魏军人数太少，双方一交战，就吃了个败仗。魏军第二次出去跟蜀军交战时都铁了心——反正打了败仗也不能活着回去。两军杀到天黑，蜀军死伤惨重，诸葛瞻和他的儿子诸葛尚都战死了。

魏军占领了绵竹。

邓艾攻下绵竹，向成都进军。蜀人做梦也没有想到魏军来得这么快，再要调回姜维的人马已来不及了。后主刘禅慌忙召集大臣们商议，大臣们你一言我一语，都找不出好的办法，最后大臣谯（qiáo）周提议投降。

很快，后主刘禅就派侍中张绍等捧着玉玺（xǐ）到邓艾军营里去投降。蜀国就这样灭亡了。

请将军放我们主上一条生路吧！

糊涂君王欢乐多

故事主角：刘禅

故事配角：司马昭、郤正、刘通等

发生时间：不详

故事起因：司马昭请刘禅和原来蜀汉的大臣们参加宴会，在观赏蜀地的歌舞时，蜀汉大臣都感到悲伤，只有刘禅美滋滋地欣赏

故事结局：司马昭觉得刘禅是个糊涂的人，对自己没威胁，就没杀他

蜀汉灭亡后，蜀汉后主刘禅被司马昭派人接到洛阳。随刘禅一起到洛阳去的，还有大臣郤（xì）正和刘通等人。

刘禅到了洛阳，司马昭以魏元帝的名义，封他为安乐公，还把他的子孙和原来蜀汉的大臣共有50多人封了侯。司马昭之所以这么做，无非是为了笼络人心。但在刘禅看来，却是恩重如山了。

有一回，司马昭请刘禅和原来蜀汉的大臣们参加宴

会。宴会中，叫一班歌女为他们演出蜀地的歌舞。一些蜀汉的大臣看了歌舞，想起了亡国的痛苦，伤心得几乎落泪。只有刘禅咧着嘴，美滋滋地看着，就像在自己的宫里观赏歌舞一样。

司马昭暗暗观察着刘禅的神情，宴会后，他对心腹

跳得好，
跳得好！

贾充说："刘禅这个人没有心肝到了这个地步，即使诸葛亮活着，恐怕也没法使蜀汉维持下去了！"

过了几天，司马昭在接见刘禅的时候，问刘禅："你现在还想念蜀地吗？"

刘禅乐呵呵地回答："这里挺快活，我不想念蜀地。"

站在一旁的郤正听了，觉得太不像话。等刘禅回到

府里后，郤正说："您不该这样回答晋王。"

刘禅说："你看我该怎么说呢？"

郤正说："如果晋王以后再问您，您应该流着眼泪说，'我祖上坟墓都在蜀地，我没有一天不想那边'。这样说，也许我们还有回去的希望。"

刘禅点点头说："你说得很对，我记住了。"

后来，司马昭果然又问起刘禅，说："我们这儿招待你挺周到，你还想念蜀地吗？"

刘禅想起郤正的话，便把郤正教他的话原原本本地背了一遍。他竭力装出悲伤的样子，可就是挤不出眼泪，只好把眼睛闭上。

司马昭看他这副模样，笑着说："这话好像是郤正说的啊！"

刘禅吃惊地睁开眼睛，望着司马昭说："没错，没错，正是郤正教我的。"司马昭忍不住笑了，左右侍从也笑出声来。

司马昭看刘禅的确是个糊涂透顶的人，不会对自己造成威胁，就没有杀害他。

吴国也灭亡了

故事主角：孙皓

故事配角：司马炎、曹奂、陈声、吾彦、王浚等

发生时间：公元 279 年—公元 280 年

故事起因：吴国国主孙皓昏庸无道，国事衰微，西晋趁机
进攻

故事结局：在西晋几路大军的强力攻势下，吴国彻底灭亡

公元 265 年，司马昭病死，司马炎继承了父亲的晋王之位。第二年，司马炎就逼迫魏元帝曹奂让位，自己做了皇帝，国号晋，史称西晋，司马炎就是晋武帝。

此时吴国的皇帝，是孙权的孙子孙皓。孙皓即位之初，他体恤民情，开仓济贫，并将宫廷中的珍禽猛兽放归山林，当时朝野都称他为明主。然而没过多久，孙皓便露出本性，开始变得荒淫无道，沉迷酒色，朝廷上下都很后悔，也很失望。

一次，孙皓的小妾让手下强抢百姓财物，孙皓以前

的宠臣陈声撞见此事，便将抢夺财物的人绳之以法。那个小妾就向孙皓告状，孙皓大怒，认为陈声很不给面子，干脆找个借口逮捕了陈声，用烧红的大锯锯断了陈声的头。不仅如此，孙皓还以杀人为乐，凡是妃子、宫女、内侍，稍有不满就杀掉，还要剥皮、挖眼。

孙皓是个酒鬼，还让大臣跟他一起喝。不仅要喝，大臣们还必须喝醉，喝酒的时候，旁边站几个士兵，谁不喝酒，就治谁的罪。宴会结束后，还要玩游戏，就是互相揭短，比如谁对孙皓不敬，谁说过孙皓的坏话，凡被揭发，就

会被杀。受邀喝酒的人，每次赴宴前大多都要与妻子、儿女流泪告别。喝酒的人酒量小不行，喝醉了不省人事也不行，喝少或者喝多不省人事的，都会被杀。

孙皓还相信巫蛊（wū gǔ）之术，巫师说都城在建业不吉利，孙皓就把都城迁到武昌，可是扬州百姓运送物资去武昌是逆流而上，负担极为沉重，于是不久又迁回建业。回到建业以后，孙皓大兴土木，建昭明宫，与后宫妃子饮酒作乐。孙皓不仅自己不理朝政，还命令二千石以下的官员进山监督工人砍伐木材。更可笑的是，为了造宫殿，他竟然把军营拆了，目的竟是获取木材。

孙皓的荒淫无度，让满朝文武十分不安，他们不知道哪一天灾难就会降临在自己头上，因此许多将领投降了晋朝。晋武帝准备灭吴，在蜀地造船，准备顺江而下。大臣吾彦对孙皓说，晋朝不久便会攻打吴国，我们应该增兵建平，建平不破，晋朝也就无法渡江。孙皓却不听，认为长江天险是一道稳固的屏障。

公元279年，司马炎决定伐吴。11月，司马炎发兵20万，分六路进攻吴国。几次大战，吴国接连失败，当西晋大将王浚（jùn）统率水陆八万之众浩浩荡荡进入建业时，吴主孙皓反绑双手、让人抬着棺木，前往王浚军门投降。至此，东吴政权宣告灭亡，三国鼎立的局面结束了。

醒木一响，评书开场！
品茶听书，为你讲述有滋有味的三国传奇；
真真假假，权且当茶余饭后的谈资……
今天，我要给大家讲的是——王裒泣墓！

王裒泣墓

　　三国时期，魏国有一个孝子，叫作王裒（bāo）。他的父亲叫王仪，因正直敢言，被晋王司马昭无辜杀害。父亲蒙冤而死，小王裒立誓终生不再面西而坐，以此来怀念父亲。

　　小王裒在母亲的照料下逐渐长大，长大后的王裒对母亲百般孝顺、体贴入微，只要是母亲的事情都是亲力亲为，他除了亲自照料母亲的起居饮食，还时常在母亲身边陪她说话聊天，逗她开心。要是母亲病了，他会日夜伺候在床前，衣不解带地喂汤喂药。

王裒的母亲生前十分胆小，最怕雷雨天气时的电闪雷鸣。母亲过世后，王裒非常悲痛，在林子中挑选了一个非常安静的地方将母亲葬在了那里。可是，王裒一直也没有忘记母亲害怕雷声，只要碰到风雨天气，雷声隆隆作响的时候，王裒就会不避风雨，飞一般跑到母亲的墓前，含着泪哭拜着和母亲说："儿子王裒会一直在这里陪伴您的，母亲不要害怕，您就安心地休息吧。"他经常倚靠在母亲墓前的柏树哭泣，眼泪经常滴到柏树上，柏树都枯死了。

王裒在教弟子读《诗经》时，只要读到"哀哀父母，生我劬（qú）劳"这几句时，一定会泪流满面。无论身处何方，王裒始终思念着父母。

知识补给站

复姓"司马"是怎么来的?

西周周宣王时期,有一个人叫休父。休父在朝廷中担任司马一职,即掌管军事大权的官职,他执掌国家军队,佐政辅国,位高权重。又因他屡次征战有功,而被赐姓为司马,此为"司马"姓的始祖。

蜀汉后主刘禅,为何取名"阿斗"?

蜀汉后主刘禅,字公嗣,小名阿斗,母亲是昭烈皇后甘氏。据传刘禅之母甘夫人因夜梦仰吞北斗而怀孕,所以刘禅的小名叫作"阿斗"。因刘禅软弱无能,后人常用"阿斗"或"扶不起的阿斗",来形容庸碌无能的人。

司马昭为什么不称帝？

司马昭之所以没有称帝，也是有很多原因的。司马昭是个精明的人，历来篡位者都是广受诟病的，他已经享受皇帝待遇了，何必要背此骂名。朝廷中还有一定的曹魏势力，政治局势还不稳。最后，也是最重要的一点，司马昭确实在灭蜀后野心膨胀，但他的寿命短，没等有机会称帝就已经死了。

魏元帝曹奂最终的命运是怎样的？

曹奂被赶出宫后，司马炎封其为陈留王，食邑万户，又在邺城为他选定宫室。不仅如此，曹奂依然能使用帝王礼仪出行。曹奂上书可不称臣，有诏书下达之时也无须跪拜听令。曹奂不仅得到如此礼遇，而且还是寿终正寝，一直活到 58 岁。他也是历史上末代皇帝中结局特别好的一位。